20代までに
知っておきたい
“8つの世渡り術”

パンダ学入門
〈カンフー編〉

Shio Okawa
大川紫央

本書のインタビューは、2016年2月12日、大川裕太常務理事（写真左）をインタビュアーとして、幸福の科学 教祖殿 大悟館にて、収録された。

まえがき

今回、大川裕太《おおかわゆうた》常務理事から質問をいただき、それにお答えしたものを、「パンダ学入門〈カンフー編〉」として発刊させていただくこととなりました。

本当なら、裕太常務ご自身も語れるものをお持ちのところ、若者代表として質問者に徹してくださり、誠にありがたく感じております。ただ、質問の内容だけを見ても、裕太常務の持っておられる社会を見る鋭い視点や視野の広さを感じていただけると思います。

質問のレベルが高かったため、〝パンダ〟の歯だけでは噛《か》みきれなかった部分は〝マスター〟であられる大川隆法《おおかわりゅうほう》総裁先生が助けてくださっ

ており、特に社会に出る前の若者にとっては、とても学びになる一書になっております。

この本を手に取ってくださった皆様が、今後の人生を力強く切り拓《ひら》いていかれますことを祈念《きねん》して、本書を刊行させていただきます。

二〇一六年　二月二十七日

幸福《こうふく》の科学総裁補佐《かがくそうさいほさ》　大川紫央《おおかわしお》

20代までに知っておきたい
〝8つの世渡り術〟

パンダ学入門〈カンフー編〉

目次

世渡り術 2

世渡り術 4

世渡り術 5

「お金の使い方」に出るあなたの社会常識度 133

世渡り術 6

気づかないうちに「法律違反《いはん》」をしていない？ 151

世渡り術 8

新聞・雑誌・インターネットの情報はどこまで信じられる？

パンダ学入門
〈カンフー編〉

20代までに
知っておきたい
“8つの世渡り術”

Commentator
解説者

大川隆法《おおかわりゅうほう》
幸福の科学グループ創始者 兼《けん》 総裁

Interviewer
質問者

大川裕太《おおかわゆうた》
幸福の科学常務理事 兼 宗務《しゅうむ》本部総裁室長代理 兼
総合本部アドバイザー 兼 政務本部活動推進参謀《さんぼう》 兼
国際本部活動推進参謀

*役職は収録時点のもの
*2016年2月12日 収録
東京都・幸福の科学 教祖殿《きょうそでん》 大悟館《たいごかん》にて

はじめに

「パンダ学」の〈カンフー編〉で語りたいこと

学生・青年期の「人生哲学《てつがく》の持ち方」を知りたいというニーズ

司会　本日は、「パンダ学入門〈カンフー編〉」と題し、大川紫央《おおかわしお》総裁補《ほ》佐《さ》に、若者を代表いたしまして大川裕太《おおかわゆうた》常務理事から、ご質問いただくという企画《きかく》でございます。

まず初めに、今回の企画の趣旨《しゅし》をお話しいただいてもよろしいでしょうか。

大川裕太　ちょうど今、『「パンダ学」入門――私の生き方・考え方――』(大川紫央著、幸福の科学出版刊)が〝大ベストセラー〟ということで(笑)。

大川紫央　いえいえいえ。

大川裕太　非常に人気がございまして、「続編を聞いてみたい」というお声を今、数多く聞いております。また、「紫央総裁補佐の魅力《みりょく》にもっと迫《せま》る」という意味で、「紫央総裁補佐の〝隠《かく》し球《だま》〟というか、人生哲学《てつがく》のようなものをもう少し教わりたい」というようなお声も、けっこう聞いております。

私たち学生としましても、「どうすれば紫央総裁補佐のような人になれるのだろうか」ということを、女性だけではなく男性も含《ふく》めて、日々、考えているのですけれども、学生ならではのトラブルもありますし、学生から若い社会人にかけての若者たちの、人生の哲学の持ち方について、まだまだ勉強が足りないところがあるのではないかと感じています。

私も、幸福の科学の学生からよく質問もされるのですけれども、同年代のため、なかなか答えられないようなこともあり、こういったものについて、ぜひ、紫央総裁補佐から教わりたいなと思ったのが、今回の企画のきっかけでございます。

大川紫央　ありがとうございます。まあ、お役に立てるか分からないのですけれども、いろいろ質問をしていただくなかで、何かお答えできるものがあればいいかなと思っております。

大川裕太　ありがとうございます。

学校では教わらない「社会常識」の身につけ方

大川裕太　今回の企画で、ぜひ、私から紫央総裁補佐にお伺《うかが》いしたいと思ったことは、「処世術《しょせいじゅつ》」といいますか、「社会常識」といいますか、人生のトラブルをうまく切り抜《ぬ》けていくための、「転ばぬ先の杖《つえ》」的なお話についてです。

一緒《いっしょ》に家で過ごさせていただいていても、紫央総裁補佐がそうした知識を持っていらっしゃることを感じますし、そういうところが非常に参考になる若者も大勢いるのではないかという気がしているのです。

「社会常識」と言えるかは分からないのですが、「教科書には書いていない、社会のルール」のようなものがあると思うのです。このあたりのことは、学校ではなかなか教わらないですよね？

大川紫央　そうですね。私も田舎《いなか》から出てきて、東京で大学時代を過ごしたので、そんなに処世術があるかどうか、ちょっと分からないところがあります。
大学時代は、先輩《せんぱい》から「イモみたいだね」と言われて……（笑）。

大川裕太　ええっ！（笑）　そんなことが……。

大川紫央　たぶん、「〝採りたて〟の、田舎から出てきた何も知らない子」という感じのイメージではあったと思うんですけれども……。

大川裕太　そんな……。

大川紫央　それで、社会常識についてですか？

大川裕太　はい。学校や大学ではなかなか教わらないですよね。

大川紫央　そうですね。

大川裕太　この「社会の暗黙《あんもく》のルール」のようなものが、実はけっこうあると思うのです。

教養のある学生だと知っている場合もあったり、あるいは、親御《おやご》さんが教養人だったり、ある程度、社会的ステータスを持たれているご家庭だと、しっかり教育されていることもあると思うのですけれども、やはり、学生によってご家庭の状況《じょうきょう》もさまざまでいらっしゃいます。

片親のご家庭や、教育にそれほど時間を取れていないご家庭もあると思います。若者は、そうした幼少時や学生時代の環境によっては、社会で活躍されている方々が当たり前のように思っている「困難の切り抜け方」や「社会常識」などを十分に学べていない場合があると思うのです。それゆえに、若い学生のころに、人生に躓《つまず》いてしまうこともけっこうあるのではないかな、という気がするのです。

大川紫央　学校の教科書に書いていない社会常識を勉強するに当たって、私なりのいちばんの方法は、「耳学問」ではないですけれども、やはり、周りの大人たちの会話に「聞き耳を立てる」ことでしょうか。

言い方は変ですけれども、おそらく、ご家庭のなかでも、親御さんや周りの親戚《しんせき》の方、おじいちゃんやおばあちゃんなど、いろいろな方が、いろいろなお話をされていて、世間話《せけんばなし》もたくさんされていると思います。その世間話等を聞いていると、何となく人間関係が分かるところもあって、「こういうことをしたら、人から悪い印象を持たれるんだな」とか、「こういうことをすると、人はそういうふうにほめてくれるんだな。いいように思ってくれるんだな」などということが分かりますし、分からないながらもぼーっと聞いていると、知らず知らずのうちに入ってきて、蓄《ちく》積《せき》されるようなところもあるのかなという感じはしますね。

また、親元を離《はな》れて大学等に入る方も多いと思うので、そういうときは、やはり、友達や先輩などから、いろいろ教えてもらうことのほうが多いような気がします。

大川裕太　なるほど。

大川紫央　あとは、お勧《すす》めするわけではないですけれども、テレビで情報番組を観《み》たり、ワイドショー的なものをさらっと流れるように観たりすると、「世間ではどういうことをすると『悪』のように言われ、どういうことをすると『善』のように言われるのか」というポイントが見えてきます。

まあ、それが必ずしも神仏の目から見て正しいとは限らないと思うんですけれども、「社会一般《いっぱん》的に見て、みんなの集合想念がどちらに動くのか」というようなポイントが、たぶんあるはずなので、そういうのを知る上では、そういうものも、一つ勉強として観てもいいのかなという感じはします。

大川裕太　なるほど。そうなんですね。

Point
社会常識を勉強する
いちばんの方法は「耳学問」。

大川家では〝オフレコ〟で教えられている価値観がある

大川裕太　われわれ幸福の科学の学生信者からすると、「仏法真理《ぶっぽうしんり》（幸福の科学の教え）の書籍《しょせき》を勉強して、社会の知識を入れる」というようなことが、わりと主流ではありません。

例えば、学生は、大川隆法総裁の霊言《れいげん》等で初めて、野坂昭如《のさかあきゆき》さんという人がいらっしゃることを知ったりしますし（『野坂昭如の霊言』〔幸福の科学出版刊〕参照）、あるいは、社会人で言えば、総裁先生の経典《きょうてん》によって、経営のなかでのいろいろな慣習等の知識を得ることも多いです。

そのように、総裁先生の経典から智慧《ちえ》を学ばせていただいているのですが、「社会のなかでうまく生き渡《わた》っていくコツ」とか、学生が見舞《みま》われるトラブルへの処世術については、そういう質問があまりないせいもあってか、意外と大川隆法総裁の御法話《ごほうわ》では、それほど言及《げんきゅう》がございません。

実は、いつも、私はオフレコで教えていただくんですよね。

Book

『野坂昭如の霊言――死後21時間目の直撃インタビュー――』
大川隆法 著／幸福の科学出版

小説『火垂《ほた》るの墓』『アメリカひじき』で直木賞を受賞した作家・野坂昭如氏（1930-2015）の、死後21時間目に収録した霊言です。90年代に幸福の科学を批判したこともある野坂氏の、意外な告白とは――。

大川紫央　（笑）そうですね。

大川裕太　例えば、そのような話は、紫央総裁補佐は一緒にいらっしゃるのでご存じなんですけれども、大川隆法総裁や、四国にいらっしゃる総裁先生のお母さん……。

大川紫央　秘書長先生ですね。

大川裕太　ええ、つまり、私の祖母から、いつも、「あっ、それはあかんでわ」というような感じで教わります。

大川紫央　フフ……（笑）。

大川裕太　「これはやったらあかんです」というようなことを、オフレコで伺うような機会が多く、自分としては、そういうところで勉強させていただきました。

このあたりのところは、やはり、ご家庭によってもいろいろ違《ちが》いますよね？

大川紫央　うーん。そうですね。

大川裕太　今回、このように紫央総裁補佐と私の二人でお話しさせていただくのは、大川家の教え、紫央総裁補佐の教えをブロードキャスト（放送）することで、一つの価値観のようなものを勉強する機会になるのではないかということもあったからです。少しでも、大川家のなかでの価値観のようなものを垣間《かいま》見ていただくことができたらいいかな、というように思っています。
そういうわけで、私が質問者として登場させていただいているのですが、事前に当会の学生局にも問い合わせたりして、私からはなかなか訊《き》けないような女性的な視点から見た人生学や、若いころにこけないための人生哲学に関するような質問を幾《いく》つかご用意いたしました。

大川紫央　はい。今日は、学生を代表して訊いてくださるということですよね。

大川裕太　そうですね。そういうつもりでおります。

演題の〈カンフー編〉に込《こ》められた意味とは？

大川裕太　ちなみに、質問に入る前にお訊きしたいのですが、今回は「パンダ学入門〈カンフー編〉」ということで、この「カンフー」に込《こ》められた意味が、もしございましたら……（笑）。

大川紫央　カンフーをしたことはないんですけどね（苦笑）。

大川裕太　（笑）

大川紫央　でも、今日は、〝クマ〟（大川裕太）と〝パンダ〟（大川紫央）の話ということで、総裁先生からも「カンフー編だね」というお話を頂きました。

大川裕太　そうですね（笑）。

大川紫央　世の中を渡っていくときには、やはり、いろいろな方と出会うので、衝突《しょうとつ》などもあると思います。人間関係や仕事などにおいて、失敗や挫折《ざせつ》を経験することもあるでしょうし、成功することもあると思うので、人生を生きる上で、いろいろな問題や波が来たときには、それをうまくかわしながら……。

まあ、カンフーというもののなかには、わりと気功《きこう》のような感じで、直接ぶつかりはしないけれども、うまくかわしつつ、それを利用してさらに前進するようなところもあると思うのです。

そういうところをポイントとして、今日は、若い方々向けに、「処世術」や「世の生き渡り方」について、カンフーになぞらえてお話しできればと思っています。まあ、カンフーの技《わざ》は知らないんですけどね。

大川裕太　（笑）なるほど。ありがとうございます。

動物園のパンダを見ると、「寝《ね》ているだけ」という印象を持つ方もいらっしゃるかもしれませんが、「カンフー・パンダ」という映画では、パンダもカンフーで戦っていますよね？（笑）

大川紫央　はい。そうです。

大川裕太　意外とそうなんですよね。

今日は、「おとなしい『パンダ学』」と「カンフーで戦う『パンダ学』」、あるいは、「避《よ》ける『パンダ学』」というものもお聞きできたらいいなと思っています。

Movie

映画「カンフー・パンダ」（2008年公開）
ドリームワークス・アニメーション／アスミック・エース／角川映画

ぐうたらで食いしん坊のパンダのポーは、ひょんなことから伝説の「龍《りゅう》の戦士」に指名され、凶悪《きょうあく》なカンフー戦士タイ・ランと戦うことに。ポーの成長を描く、感動のカンフー・アクション・アニメ映画です。「カンフー・パンダ2」が2011年に、「カンフー・パンダ3」が2016年に公開されています（日本でも公開予定）。

世渡り術

1

学生時代の「勉強」「女子力アップ」「遊び」のバランスは？

「女性らしさと勉強の両立」は可能？

大川裕太　では、学生の転ばぬ先の杖《つえ》的な質問から入らせていただきます。

普段《ふだん》だと、質問をする場では、きれいごとを訊《き》いてしまうことも多いのですが、実際のトラブルというのは、わりと〝ダークな問題〟も絡《から》んでいたりすると思うのです。

そこで、今日は、「本音《ほんね》トーク」といいますか、学生の本音のところや、学生や若い人の本当に転んでしまうギリギリのところについてお訊きしたいと思っています。

そういう意味で、〝どぶろく話〟という感じの雰囲気《ふんいき》が出てしまうかもしれないのですが、〝カンフーの試合〟ということで、よろしくお願いいたします。

では、まず一点目ですが、（手元の資料を見て）ああ……。これは女性の視点からの質問なのですが、一般《いっぱん》的に、当会の学生は「勉強を頑張《がんば》ることが大事だ」というように教わっているので、中学・高校とずっと勉強をされる方がけっこう多いですし、大学時代もそうされる方が多いと思います。

そうしたなか、紫央総裁補佐《ほさ》は、勉強をすごく究《きわ》めていらっしゃるイメージがある一方で、「女性らしさの磨《みが》き方」ということとの両立もされているように感じるのですが、意外と学生でも、このバランスの取り方を考えながら行動をしている人も多いのではないかと思います。

学生のなかには、「自分はまだまだ知的鍛錬《たんれん》が足りない」と思って勉強を進める人もいれば、「もうちょっと料理とか家事とかの腕《うで》を磨いたほうがいい」と思う方もいたりするので、この両輪のバランスについて、何か哲学《てつがく》がございましたら、紫央総裁補佐にお聞きしたいなと思います。

大川紫央　そうですね、それは私自身もすごく悩《なや》んでいるし、今も解決はしていないのかもしれないなと思っていることではあります。

ただ、自分の人生を振《ふ》り返ると、勉強をすることによって道が拓《ひら》けたことが、自分にとってはすごく大きかったことは確かです。田舎《いなか》の学生だと、そういう思いをする子も、今の日本のなかにはまだ多いのかなというようにも思います。

やはり、勉強をしていろいろな知識を身につけ、大学なりいろいろなところへ進学していくことによって、自分の力で道を切り拓いていけるような部分は、まだすごく残っているので、田舎に生まれ、別に裕福《ゆうふく》でもなく、平凡《へいぼん》に過ごしている若者にとって、勉強というのは、アメリカンドリームに近い、道を切り拓く力があります。総裁先生は「勉強は自分の可能性を広げるものだ」というようにおっしゃっていますが、それは、私自身、社会に出てからも強く感じたことです。

その一方で、「女性であると、仕事においても『女性らしさ』を多少なりとも求められるところがあるんだな」ということは、私も社会人になってから気づきました。

そのため、「学生時代に、もう少し女性らしいことに目を向けておいたほうがよかったのかな」とか、悩んだ時期もあったんですけれども、そこを両立するのはけっこう難しいですよね。

大川裕太　そうですね。

大川紫央　でも、私からすれば、「女性らしさと勉強の両立」を、学生時代からすでに考えている時点で、先見《せんけん》の明《めい》があるというか、偉《えら》いなと思います。

大川裕太　ほう。なるほど。

大川紫央　私はあまり考えなかったようなところもあるので……。

大川裕太　いやいやいやいやいや……、そんな（笑）。

大川紫央　まあ、一人暮らしをしていたので、その分、多少は身の回りのこととかをしなければいけないところもあったんですけれども、社会に出てから気づいたことのほうが大きかったので、そこのところを学生時代にすでに気づいていることは、すごいと思います。

大川裕太　なるほど。

大川紫央　でも、現代に生きる上では、両方ともないがしろにはできない部分もあるのかなという感じは、すごくしますね。

Point

勉強は、「人生の道を切り拓《ひら》く力」を与えてくれるもの。

努力することで「新しい自分」は開拓《かいたく》できる

大川裕太　例えば、学生時代に女性らしさを磨いた人が、社会に出てから、今度は勉強のほうを頑張るということはできるのでしょうか。あるいは、学生時代は勉強のほうをすごく頑張ったタイプの人が、大人になってから逆に、今度は女性らしさを磨こうとすることもできるのでしょうか。そういうものは両方できるものなのでしょうかね。

大川紫央　私は両方できると信じたいですね（笑）。

大川裕太　そうですね。

大川紫央　でも、実際、私もそうだったのですが、社会人になってから
お洋服とかも変わるじゃないですか。

大川裕太　はい。

大川紫央　TPO《ティーピーオー》に合わせないといけないところもあったりするので、
そういうところは、買い物のときに友達にも一緒《いっしょ》に行ってもらえば、普段、

自分では選ばないような服を選んでもらって、着てみて、「あっ、いけるな」というような感じで（笑）、新しい自分を開《かい》拓《たく》したりもできます。
ただ、実際、幸福の科学のなかにいると、総裁先生から教えもたくさん出るので、勉強を止《と》められないところはありますよね。でもこれは、当会だけでなく、社会に出てからも、よい仕事をしようと思えば、さまざまな勉強を続けなければなりません。

大川裕太　はい。

“パンダ的”用語解説

TPO《ティーピーオー》

Time（時） Place（場所） Occasion（場合）

それぞれの頭文字をとったもので、「時と場所、場合に応じた、服装や態度などの使い分け」を意味する和製英語です。例えば、就職面接なら就職面接にふさわしい服装や言葉づかいがありますよね。社会人になってからも、それぞれの業種や会社のカラーによって、好ましい服装や振る舞い方は異なります。迷ったら、家族や先輩に相談してみましょう。

大川紫央　まあ、女性のなかでも、社会に出てからまた勉強をたくさんして、その人なりの違《ちが》う自分に成長していっている人は、たぶんたくさんいると思うので、それは、後天的《こうてん》に努力することで広がるのではないでしょうか。

大川裕太　なるほど。

大川紫央　自分の興味や関心のある分野を広げて、それを実践《じっせん》しようとすることで広がっていく面はあると思います。

学生の間に、いちばんしておいたほうがよいこと

大川裕太　今の大学生の人たちには、特に、「その時期における選択《せんたく》」といいますか、例えば、「若い学生の時代に、しっかり勉強をしておかないと、あとあと勉強しようとしたところで、〝頭の構造〟的に、勉強しても入ってこないような気がする」と思う方がいたり、それとは逆に、「若いうちに勉強頭になりすぎてしまって美的センスなどが磨けていないと、大人になってもそういったものを習得できない気がする」というようなことを考えてしまう方もけっこういると思うのです。

そこで、もし、今、「学生時代なら、どちらを選んだほうがいいのか」とか、あるいは、「どういうバランスでやったらいいのか」などというようなことで悩んでいる学生の人たちがいらっしゃったら、どのようなアドバイスをされますか。

大川紫央　私だったらですけれども、学生の間にしかできないことというと、いちばんは、やはり、「そこでしか学べない勉強」だと思うんですよね。

大川裕太　なるほど。

大川紫央　また、なかには自分で学費を出されている方もいらっしゃると思うんですけれども、やはり、ご両親等が援助《えんじょ》してくださって学校に行けているわけなので、そのお金を無駄《むだ》にしないためにも、学生であるなら勉強をするのがいちばん大切だと思います。

まあ、服飾《ふくしょく》関係の人とか、そういった専門学校などに行かれている人だったら、そちらの勉強になると思うし、それは、その人が行かれている学校での勉強の分野によると思うんですけれども、個人的には、勉強をするのがいちばんいいんじゃないかと思っています。

大川裕太　そうですね。

大川紫央　実際に社会に出て仕事をし始めると、まとまった時間を取れることはありません。「勉強しかしていなくてもいい時間」をあれだけ得られる機会は、もう、そんなにないと思うので、そこは、学生のうちにしておいてもいいんじゃないでしょうか。

大川裕太　なるほど。そうなんですね。

Point

学生時代には、勉強をすることがいちばん大事。

「高校までの勉強」と「大学時代の勉強」の違《ちが》いとは？

大川裕太　やや視点が変わるかもしれないのですが、よくある話としては、「高校の間は受験勉強があるので、しっかり勉強をしよう。受験が終わって、ある程度いい大学に入ると、あとはもう大人の勉強だ。実は遊ぶのもいい勉強なんだ」というような感じで、有名大学に行かれても、なかに入ってから遊び始める人がいたりします。

そうしたなかでも、律儀《りちぎ》な人などは学校の勉強もしっかりするのですが、周りの人からすると、社会に出てからそれがどういう役に立つのか、どういう意味があるのか、よく分からなかったりして……（苦笑）。

このような、高校時代の勉強の仕方と、大学時代のいろいろな意味での勉強の仕方について、何かコツのようなものがありましたら、教えていただければありがたいです。

大川紫央　そうですね。確かに、高校までは「受験」という目標があるので、そこに向けて頑張れるところがあります。

ただ、私も感じたことではあるのですが、社会の不条理《ふじょうり》の部分なのでしょうか。分かりませんが、けっこう遊んでいる人のほうが仕事ができたりするんですよね。

大川裕太　ああ、なるほど。

大川紫央　でも、それには、おそらく、人間関係力などが強いところもあるのでしょう。人付《ひとづ》き合《あ》いが上手なところなどは仕事にも生きてくるので、そのへんになると、もう単なる学問としての勉強だけではなく、「人間としての総合力」のようなところにもつながってくるのかなという感じはしますね。

大川裕太　ほう。

大川紫央　要領がよくて、遊んでいるけれども勉強もしている人もいるし、ただ単に遊んで留年してしまう人もいるし、あるいは、勉強だけになってしまうパターンもあると思うんですけれども、ここのところは、「私はこんなに勉強を頑張ったのに」と思うぐらい勉強をした人にとっては、もしかしたら、社会に出てまず第一に「不条理だな」と思うポイントかもしれないです。

大川裕太　そうなのですね。

大川紫央　ただ、「社会は勉強だけで成り立ってはいない」というところも、たぶん、一つの真実の側面であって、「自分としては何を選び取って、どういう人間になっていくか」という、そのあんばいは、その人の味を出す上で、「どの〝調味料〟を多くするか」ではないですけれども、そういうスパイスの部分になるのかなという気はします。

Point
社会は勉強だけで
成り立っているわけではない。

社会に出てから不条理に感じる「勉強」と「遊び」の関係

大川裕太　先ほど、「社会に出てから不条理に思うような……」というお言葉もあったのですが、実際に、どういう不条理があるのでしょうか。

大川紫央　不条理ですか（笑）。

大川裕太　例えば……。

大川紫央　自分はすごく勉強を頑張ったつもりでいたけど、遊んでいるように見える人のほうが内定をたくさん取ったり、社会に出てからも自分より仕事ができているように感じたりするところなどは、もしかしたらあるかもしれないですね。

大川裕太　確かに、そうですよね。遊び場所を知っている人のほうが、意外と人付き合いが上手だったりしますよね。

大川紫央　そうそう。人付き合いが上手だったり、その職場の人間関係も上手だったりするし、察する能力などが高いとかわいがられたりするところもありますよね。

大川裕太　そうですよね。単細胞《たんさいぼう》な頭で考えて勉強だけをしていると、意外とそういう能力が落ちてくる気もしますし、でも、そういう能力だけを磨いていると、今度は勉強のほうがなかなかできてこない気もします。

こうしたところをうまく両立できている人には、どういう特徴《とくちょう》があるのでしょうか。

大川紫央　それは、私もけっこう直面した問題かもしれませんけれども、確かに、勉強をたくさんしていると、そうした能力は低くなっていると思うんですよね。

大川裕太　はい。

大川紫央　人と接する時間を短くしないと、勉強の時間は確保できないけれども、そういうことをしていると、今度は人間関係力のところや、人の気持ちを察して行動するところなどが弱くなるなということは痛感しましたね。

だからといって、「では、勉強をしないほうがよかったのか」と言われると、「それも違《ちが》うのかな。あとあとの人生において、徐々《じょじょ》に土台になって効いてくるような部分もある」とも感じますね。

「勉強」と「その他の部分」をうまく両立しているタイプの人は、全体的にバランス感覚がいい方々かなぁとは思いますし、時間の使い方にもメリハリがつけられる人が多いように思います。

世渡り術

2

「学部選び」「資格選び」は就職にどう影響《えいきょう》する？

「ゼネラリスト」を目指すか、「スペシャリスト」を目指すか

大川裕太　「勉強」と「仕事」の関係については、勉強する内容の専門性などにもよるのでしょうか。

例えば、昔、総裁先生が御法話《ごほうわ》のなかで、「法学部はつぶしがきく」というようなことをおっしゃっていたと思います。そのように、学問の専門性によっては、つぶしがきいて、人間学もある程度本領を発揮できるような学問もあれば、専門性が高すぎて、頭のほうが、どうしても、そういうものを受け付けない方向になってしまう学問もあるのかなという気はするのです。

大川紫央　まあ、面白《おもしろ》いんですけど、確かに、世の中を見ていると、法学部は、いちばんつぶしがきいて、就職を考える上でも、ある程度、選

べる範囲《はんい》が広いですよね。文学部系統のほうが、「少し苦戦するところがあるのかな」という印象があることはあります。理系は理系で、また別の面もあると思うのですが。

それと、法学部系の場合は、弁護士資格、経済学部系のほうの場合は、公認会計士資格などがあると思うんですが、そういう勉強をしていても、「ゼネラルな方向に向かっていけるところまでの勉強」があると思います。ただ、それを超《こ》えてしまうと、ゼネラルではなくて、スペシャリストの世界に入っ

「ゼネラリスト」と「スペシャリスト」

「ゼネラリスト」とは、特定の分野に限定されない、幅広い知識や技術、経験を持つ人のこと。仕事上の役割で言うと、全体の運営やマネジメントができる人のことを指します。いわゆる「経営幹部」になっていく可能性のある人ですね。それに対し、「スペシャリスト」とは、特定の分野において深い専門知識や技術、経験を持つ、「専門職」「エキスパート」のことです。どちらも組織には必要な人材です。

関連書籍:『幸福の革命』『未来創造のマネジメント』
（ともに大川隆法 著／幸福の科学出版）

ていってしまうので。

大川裕太　はい。

大川紫央　例えば、「法律をすごく勉強しすぎて、その世界にどっぷり入ってしまっている」という場合、弁護士など、法律の専門職を目指すのならばそれでいいのですけれども、突《つ》き詰《つ》めすぎると、今度は逆に、このスペシャリストになってしまい、総合職的に動けなくなって、「法務部門担当」というような感じになったりもしますし。あるいは、公務員など、そちら側のほうに行くスタイルになるかなという感じはしますね。

経済などでも、公認会計士の資格を頑張《がんば》って取ると、ゼネラルを通り越《こ》して、スペシャリストになるところがあって、そのあたりは、「難しいな」と、私も思いました。

「資格を取得するかどうか」で迷っている人へのアドバイス

大川裕太　当会への「出家《しゅっけ》」（幸福の科学の職員として奉職《ほうしょく》すること）を希望する学生によくある質問として、学部の周りのみんなが資格試験をけっこう考えていると……。まあ、私の場合であれば法学部ですが、例えば、「ロー・スクール（法科大学院）に行って弁護士資格を取ったほうがいいのか」などということがあります。

やはり、「周りの人がみんな資格を取っていく流れがあるときに、自分だけ取らなくていいのか」と悩んでしまう話は、他の学部でもけっこう聞くんですね。教育学部の人からも、「教員免許《めんきょ》を取らなくていいのかどうか」という悩《なや》み相談が来たりもしますし、理系でも、資格試験として、薬剤師《やくざいし》免許など、いろいろあると思うのです。あるいは、「大学院に残るかどうか」とかいうことですね。このあたりについては、「出家したいと思っているんだけれども、親は、『弁護士資格をしっかり取ってから行きなさい』と言ってきたりする」というようなことも聞きます。

また、周りに流されて、「受けなければいけない」と感じてしまうこともあるようです。

でも、ロー・スクールに二年も三年も行ったら、就職し遅《おく》れていると感じる人もいますし、その後、他の二十三歳《さい》ぐらいの人たちと一緒《いっしょ》に、またもう一回入るというのは、なかなか難しいような気もするし、ということで……。

大川紫央　うーん。

大川裕太　そうなると、「大学在学中に予備試験で通るならいいのか？」というような、そういう問題もあるかもしれないんですけれども。

"クマさん的"ミニ解説

弁護士になるには？

弁護士になるには、「司法試験」に合格しなければなりませんが、それには、まず司法試験の受験資格を得る必要があります。その方法は大きく二つあり、一つは、四年制大学を卒業後、法科大学院（ロー・スクール）に行くことです（基礎的な法律知識を身につけている場合は2年、そうでない場合は3年）。もう一つは、「予備試験」に合格することです。なかには、大学在学中に予備試験に通り、司法試験まで合格する強者《つわもの》もいます。

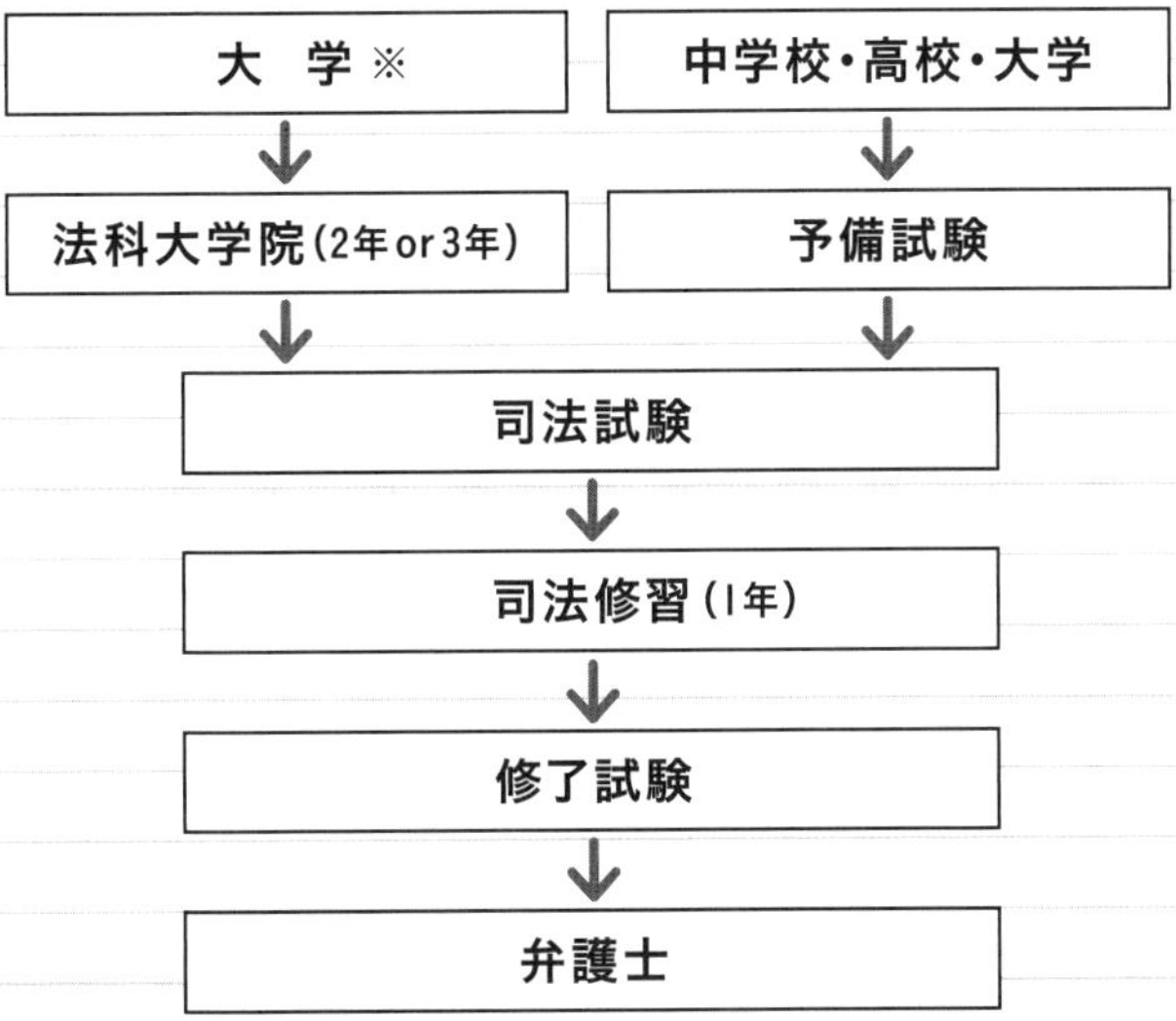

※大学を卒業していなくても、「大学卒業と同程度の学力がある」と認定されれば、入学が可能な法科大学院もあります。

そのあたりのコツというか、ある程度、諦《あきら》めたほうがいいのか、資格を大事にしたほうがいいのか。特に、「出家《しゅっけ》」を志《こころざ》す方に向けて、アドバイスはありますでしょうか。

大川紫央　出家を志す方ですか。出家を志す方なら……、まあ、確かに、当会も、弁護士資格を持っている方がいるおかげで、彼らがいろいろ対処してくださるところもあるので、「専門職になってそういう部門で働きたいのか」、「そうではなく、もっと幅広《はばひろ》く働きたいのか」によって変わるのかなと思います。

大川裕太　なるほど。

例えば、当会のなかで、当会を護《まも》る弁護士として活躍《かつやく》したい場合には弁護士資格が必要ですが、実は、それには実際に弁護士として活躍した経験も必要になるのかもしれません。そうすると、「在家《ざいけ》で、しばらく働いたほうがいいのか」とか、そのへんも迷うといえば迷うところではあると思うんですよね。

例えば、医師免許でもそうかもしれませんが、資格を取った場合、そこで働いてみたほうがいい気もしますし、そこで自分の適性を試《ため》してから、「やっぱり、出家する」というようにしてもいいのかもしれません。そのへんの踏《ふ》ん切《ぎ》りが、最後までつかない学生もいたりします。

大川紫央　うーん。

大川裕太　あるいは、教員免許を取ると、すぐに那須《なす》（幸福の科学学園那須本校）に送られるような気もしたりして……（苦笑）。

大川紫央　確かに。

大川裕太　まあ、「本当に、そうしたい」という人の場合はいいのですが、「国際伝道を目指しているのに、このまま教員免許を取ったら、那須に行く気がするな」と、悩んでいる人もいると聞いたこともあります。そのへんの、「つぶしのきかせ方」があれば……。

大川紫央　役割的に、資格を取っていないとできない分野もあると思うので、そこに関しては、「一時期であれ、そういう部署に行きたいのであれば、その資格を取っておくことも、ありなのかな」という感じはしますよね。

資格を取っておかないとできない仕事であれば、その資格を取っておく以外に、そこに行ける方法はありませんので。

大川裕太　確かにそうですね。

大川紫央　その場合は、資格を取らなければいけないのかなとは思います。

Point

「やりたい仕事」や「行きたい部署」が具体的にあるのなら、必要な資格は取っておくべき。

結局は「自分がどう生きたいか」ということ

大川紫央　ただ、「ロー・スクールに行って、司法試験もいつ受かるか分からない」というならば、「そのスパンを覚悟《かくご》できるか」というところがありますよね。

大川裕太　そうですね。

大川紫央　それに、例えば、司法試験を頑張って、もし駄目《だめ》だった場合、二十六、七歳、あるいは、三十歳手前ぐらいで社会に出なければいけなくなります。そのときに、「自分が、『それでもいい』と思えるかどうか」というところも一つあると思うんです。

そこまで長く考えてからやらないと、持ち堪《こた》えるのは難しいのかなという気もしますね。

大川裕太　なるほど。

大川紫央　そのあたりについては、確かに分かります。私も悩んだので。ただ、やっぱり、「どう生きたいか」ですよ。そこは、自分で決めないといけません。

「諦めることで、また一つほかの道が開ける」というところもありますし。

大川裕太　ああ、「そこから、いろいろな道が開ける」という感じですね。なるほど。

大川紫央　ただ、将来、自分がこのコースを辿《たど》ったときに、どうなるか。つまり、いろいろなパターンはあると思うし、受からなかった場合と受かった場合とがあるでしょうけれども、「その先まで思い描けるかどうか」というのは、非常に重要なポイントなのかなと思うんです。

大川裕太　意外と、ビジョンがなかったりするんですよね。「とにかく、資格だけ取ればいい」というような……。

大川紫央　そう、そう。そこまで見えなくて、ただ単に悩んでいるのであれば、「ある程度、先のビジョンが見えるかどうか」というところを、自分で考えないといけないかなとは思います。

大川裕太　なるほど、なるほど。

Point

将来のビジョンを描《えが》き、「どう生きたいか」を自分で決めることが大事。

大川隆法総裁解説

学校では教わらない〝暗黙《あんもく》ルール〟
「資格と出世」のルール

世間《せけん》では「医師」「弁護士」「上場企業《きぎょう》の社員」の〝偉《えら》さ〟をどう見るか

大川隆法　まあ、私の時代だと少し古くなるので、今と同じかどうかは分かりませんが、やはり、学生には、「就職と資格、どちらを取るか」というようなことを悩む時期が来ますよね。

例えば、あなた（大川裕太）のような法学部の学生の場合、「司法試験その他の資格を取っていくのと、会社その他で生きていくのと、どちらが有利か」という考えがあるわけですよ。

ただ、「よく勉強した人のほうが、専門的な資格は取りやすい」というのはそのとおりでしょうが、実際に会社のほうと比べてみると、就職の時点で、それが分からないことが多いと思うんです。

今も、そのとおりかどうかは分かりませんが、当時、訳知《わけし》りの方からのアドバイスとして言われていたことは、「医師とか、弁護士とか、公認会計士とか、『士《さむらい》（師）』がつく資格は、だいたい『先生』と呼ばれるので、卒業したら、すぐ先生になれて、偉《えら》くなる」ということでした。

要するに、就職の時点では、一般《いっぱん》に平《ひら》から始まるサラリーマンよりは偉く見えるわけです。

ただ、最終的な地点で見て、そういう、弁護士、医師あたりを平均したら、どうなるでしょうか。

企業《きぎょう》には、上場企業というものがあります。つまり、株式を公開しているところですね。「一部上場」などと言いますが、その上場企業の場合、日経新聞の人事欄《らん》に、「四月一日付で、○○株式会社の□□部△△課長が、

◇◇部の課長に異動」ということが載《の》っています。これは、いわゆる株式を公開している会社、資金を一般から集めている会社、株式が取引されている会社であり、そういう会社になると、課長職から上の社内の人事異動が新聞に載るわけです。

日本経済新聞に載っているということは、ビジネスマンや、その業界にいる人がみんな見ているということになりますよね。一部上場企業とは、はっきり言えば、名の通っている会社です。要するに、名前を知られていない会社ではなくて、知られている会社の課長から上になると、人事異動が新聞に載っています。

日経新聞は何百万部か出ているのですが、その会社に関係するほかの人たちも、その動きを知っているわけです。役所であれば、官報《かんぽう》がありますけれどもね。

つまり、課長から上になると、やや公人性を帯《お》びてくるのです。そこの会社で、「誰《だれ》が課長になったか」とか、「部長になったか」とかいうようなことが、関係のある会社の人たちにも知られることになるので、人事そのものも、多少、公的になります。

「うちの会社としては、こういう人事をしました」ということを、世間《せけん》が見て判定することになるわけです。そうすると、「（その人事が）正しいかどうか」とか、「次の社長レース、役員レースに乗っているのは誰か」とかいうことが外から見ていて分かるようになりますよね。

　このあたりから、少し話が変わってき始めるのです。

　確かに、卒業のときに、そういう資格を取った人は偉いけれども、上場企業に勤めている人と比べてみると、その資格は、だいたい部長ぐらいに相当すると言われています。つまり、「弁護士資格を持っている」「医師の資格を持っている」というのは、どのくらいの偉さかというと、大企業の部長ぐらいに相当するわけですよ。釣《つ》り合うのは部長ぐらいで、そのあたりの出世に値《あたい》するのです。

だから、資格を取った人は、早めに出世はしますが、「部長から上には行かないあたりの出世」と判定されるわけですね。

そのため、そういう有名企業、一流企業等で役員から上まで出世したら、世間では、こちらのほうが資格を取った人よりも出世したと判定されます。そういうことを、私は聞きました。

私も知らなかったので、「なるほど。そのように考えるのか。大学で長く留年したり、あるいは、卒業浪人《ろうにん》して司法試験などを目指したりする人もたくさんいたけれども、そう考えるのだな。会社で役員以上まで上がることができれば、そちらのほうが出世と見るんだな」と思ったのです。

したがって、「自分が企業に就職した場合に、そういう可能性があるかないか」ということを考えなければいけません。

大川裕太　なるほど。

大川隆法　それより、もう少し下のところで出世が止まるようだったら、資格を取っておいたほうが偉いのでしょうし、「自分は、会社学を勉強しても、ほかの人と伍《ご》して、ある程度、偉くなれる」と思えば、その道を選ぶのも一つでしょう。ある年齢《ねんれい》を超えてしまうと、就職できなくなってきますからね。

商社の就職面接で「大学院卒を落としておけ」と言われた理由

大川隆法　さらに、もう一つ、「逆転現象」があるのです。

例えば、学者などになる場合、学部より大学院へ行っているほうが正統なルートであるし、大学院を出て、海外に留学して帰ってきて、准《じゅん》教授や教授になったりするのが正統ルートでしょう。

ただ、私は、実際に会社時代に人事部にいたわけではありませんが、就職のときには、リクルート（採用）を一カ月ぐらいお手伝いした経験があります。その経験から分かったことは、次のようなことです。

当時、東大法学部の先輩《せんぱい》なども面接したことがありますが、「学部卒と大学院卒とだったら、大学院卒のほうが不利だ」ということを、そのとき初めて知りました。上のほうから、「これは、君の先輩に当たる人だよ」などと言われて面接しましたが、面接の前に、「落としておけ」と言われるのです。

なぜ「落としておけ」と言われたかというと、法律の専門家として知識は多いとしても、専門が狭《せま》くなって目が小さくなっているので、会社に入れて、一般の社員と一緒にもう一回勉強させて、ゼロから教え直すとなると、つぶせなくなるからです。

要するに、専門性が高いとつぶせなくなり、中途半端《ちゅうとはんぱ》になるんですね。

「資格まで取って、それで雇《やと》う」というならば別ですが、「そういう勉強を余分にした」というだけだと、「中途半端で使えない」というような考え方もありました。そういうような難しさもあったのです。

商社における「兵隊として採れるか」という判断

大川隆法　また、嫌《いや》な言い方になるかもしれませんし、今もある程度は残っているのではないかと思いますが、会社の名前は同じでも、出世していくゼネラルな、総合職的な採り方をする場合と、専門性を持ったスペシャリスト的な採り方をする場合、いわゆる事務職として一般的に採る場合と、事務職よりもう少し下のレベルまで採っているところがあると思うんですね。そのあたりは、外からは分かりにくいところでしょう。

ただ、そういう採り方についてショックだったのは、私の後輩に当たる人の面接をやっていた際、上の役員のほうの判断を聞いてみると、「東大法学部を出ているけれども、これを兵隊として採れるかどうか」というような議論をしていたことです。そして、「やっぱり、兵隊では採れないな。断ろうか」と判断していました。

要するに、ほかのところを卒業している人に比べて学力が低いわけではないけれども、東大の法学部を出ている人を採用するのであれば、〝役員コース〟に乗れるぐらいの人を採用することを考えるわけです。そうすれば、本人も不幸ではないし、会社も不幸ではないでしょう。

ところが、「東大の卒業生だけれども、性格や考え方、行動の仕方などを見ると、まず無理なのではないか」という場合、「兵隊でも採るか」というような議論をしていたのです。「そういう考え方をするのか」と、少しショックを受けました。

その後輩については、役員たちは「この人は、見るからにバンカーだ。銀行員なら通用するだろうけれども、商社マンなら通用しない。対人で、人と話をして折衝《せっしょう》し、ネゴシエーション（交渉《こうしょう》）してやったりするようなことは、たぶんできないだろう。だから、採るとしたら、『兵隊でも採るか』ということになる」と言っていて、結局、「さすがに、それはやめておこうか」ということになったのです。

「兵隊でも採るか」とは、どういうことかというと、例えば、アフリカの僻地《へきち》の出張所のようなところでも、「行け」と言われたら行ってやらなければいけないということです。

一方、エリートとなると、だいたいニューヨークだの、ロンドンだの、シドニーだの、いいところにしか行っていません。そういう感じになるので、その選択《せんたく》があるわけです。その後輩は私なんかを慕って一生懸命《いっしょうけんめい》入りたがっていたのですが、上のほうで、「これは銀行員だ。バンカーであって商社マンにはなれない」と判断したので、結局、落とすことになりました。

ただ、彼は一年留年して、役所に入ったんですね。そして、役所に入ってから、会社に一度、挨拶《あいさつ》に来ました。それは七月ごろで、「ああ、そうか。役所に入ったのか」と思っていたら、五年後ぐらいに、テレビを観《み》ていると、外資系の企業で働いているその人が映っていたんですよ。

大川裕太　(笑)

大川隆法　それは、彼が役所を辞《や》めて、外資系の企業に転職したことを意味していて(笑)、「彼は、こちらに行ったのか。結局、外資系に行ったんだなあ」と思いました。

そういうこともあるので、このあたりの判断には、なかなか難しいところがありますね。

私にしても、勉強のほうはわりによくしていたのですが、商社の仕事についてては、よく分かりませんでした。何をしているのか聞いても、商売がさっぱり分からないのです。

最初は、商社の審査部《しんさぶ》というところ、まあ、法務部などとも言われるところですが、そこの人から声をかけられたのです。私は、「法務部門なら、勉強してきたことだから、できるだろう」ということで、そこへの配属を希望したのですが、「やはり、審査の部門だけだったら専門職になって、会社でのゼネラルな出世ができないから、こいつは、出世できるほうに入れたほうがいい」と上が判断して、希望ではないところに移されました。

そこは財務本部だったのですが、何をするのかさっぱり分からなかったのです。仕事の内容としては、商学部など、そういうところのほうに近いのではないかと思うけれども、私は学問としてはやっていなかったので、「新しく勉強しろ」ということで、やらされましたね。

そのように、いろいろな判断があるわけです。

エリート国家公務員が上場企業《きぎょう》に天下《あまくだ》りする場合

大川隆法　いずれにしても、資格を取れば、会社の部長クラスぐらいの出世にはなります。ただ、「先生」と言われて、部長ぐらいにはなるのですが、それ以上は行きません。

それ以上行くという場合は、例えば、医者であれば、大きな総合病院を経営して理事長になったりした場合でしょう。それは社長に近いかもしれないし、弁護士で、日弁連《にちべんれん》（日本弁護士連合会）の会長をした、あるいは副会長をしたというような場合は、政治家のような感じの扱《あつか》いになるかもしれません。

とにかく、「この資格を取ると、このあたりに適合する」ということがあります。

また、役所などに就職する場合、今は、少し緩《ゆる》やかになって、はっきり分からないけれども、以前の国家公務員試験は上級、中級、初級ぐらいに分かれていました。ただ、上級職で入っても、だいたい確率戦で、すでに分かっているのです。

例えば、昔の大蔵省《おおくらしょう》（現・財務省）では、同期としてだいたい二十人ぐらい採っていましたが、その人たちがどうなるかは、だいたい分かっていて、二十人ぐらい採ったうちの一割は自殺します。つまり、二人は亡くなるのです。

毎年のことなので、それは分か

“パンダ的”ミニ解説

国家公務員試験

国家公務員の主な役職

- 事務次官
- 外局の長官
- 官房長、局長
- 局次長、部長、審議官
- 課長、室長、参事官
- 課長補佐、室長補佐
- 係長、主査
- 主任
- 係員

国家公務員試験の種別は、1984年度まで「上級甲《こう》種・上級乙《おつ》種・中級・初級」となっていましたが、その後、「Ⅰ種・Ⅱ種・Ⅲ種」の区分を経て、2012年に再編。「総合職試験・一般職試験」などとなりました。「上級甲種試験」は、現在の「総合職試験」（幹部候補生を採用するための試験）に当たります。

っているのです。

そして、二十人採ったうちの四人ぐらいが局長にはなれますが、あとの十六人ぐらいはなれずに、課長で止まります。

ところが、課長で止まった場合は、退職金や民間に天下《あまくだ》った場合にもらえる、その後の給料が低くなるわけです。ずっと小さな会社であれば、役員にしてくれる場合もありますが、天下りの場合、普通《ふつう》は、部長待遇《たいぐう》ぐらいになってしまうことがあって、「役所で課長あたりのキャリア職をやって、天下ったら最低、最悪だ」という言い方をしていました。

一方、局長ぐらいまで行った場合、どうなるかというと、局長クラスで民間会社へ行けば、だいたい常務です。普通の上場企業《きぎょう》で、みんなが名前を知っているような会社に天下ると、だいたい、「役所で局長クラスまで出世した人は常務クラス」という判定になります。

さらに、事務次官というところまで出世していたら、だいたい、民間会社の副社長が対応する役職になっているのです。例えば、昔であれば、通産省（現・経済産業省）では、だいたい、次官まで行った人が三井物《みつい》産に天下ると、副社長というかたちになって、いろいろな石油関係のことをやったりしていました。

そのような感じで、「だいたい、こう対応する」という図式があって、社会のなかでは、暗黙《あんもく》のうちに了解《りょうかい》されているのです。

そのため、「資格を取るかどうか」は、「最初から、『先生』と呼ばれて一定の社会的地位を得たら、それで満足できるか」、「自分の力量によって、さらに、まだまだ行けるか」によって変わります。

ただ、起業家になるようなタイプの人は、また違《ちが》うかもしれません。「才能に賭《か》ける」ということになりますからね。

大川裕太　なるほど。詳《くわ》しくありがとうございます。

Point

「資格と出世」のルール

「弁護士」や「医師」など「士《さむらい》（師）」のつく職業は、一流上場企業の「部長」あたりに相当するといわれる。

大学院まで進学したことや、資格を取得したことが、就職に不利になる場合もある。

世渡り術

3

意外と知らない「飲み会」の“落とし穴”

お酒の席でのショッキングな失敗談

大川裕太　続いて、次の質問に入っていこうかと思います。今度は、学生の身近なトラブルに関する質問をさせていただきたいのですが、学生というのは、ときどき抑《おさ》えが利《き》かないことがあるんですよね（笑）。

例えば、学生には、お酒を飲む機会がよくあって、夜になると飲み会というものがどうしても発生してきます。そうしたものも、付き合いとしては一定以上必要だとは思うのですが、仏法真理《ぶっぽうしんり》を学んでいる者からすると、まず、「そういうところに行ってしまっていいのかどうか」という問題が一つあります。

また、当会の学生部以外でも、学校のサークルなどでお酒を入れた付き合いが増えてくると、ちょっと危険な目に遭《あ》うことも、ときどき報告されています。

これは、女性からの視点になるのですが、「交際相手ではない男性に飲みに誘《さそ》われてしまったときに、どう対応したらよいのか」と戸惑《とまど》うことも、しばしばあるようです。特に、相手が年上などで、断れずについていった場合に、そのあと不幸な目に遭ってしまうこともあるようなので、「怪《あや》しさを嗅《か》ぎ取って、うまく断《ことわ》れるかどうか」という問題があると思います。あるいは、サークルなどでも、「ちゃんと信用できる相手なのかを判断し、危機管理的な発想がキチッとできるかどうか」というのも、学生ではなかなか難しいところがあります。

そこで、女性がお酒関係に対して、気をつけるべきことなどがありましたら、お伺《うかが》いしたいと思います。

大川紫央　そうですね。私はお酒はそんなに嫌《きら》いなわけでもなく、「たしなむ程度なら、別に、飲んでもいいんじゃないかな」というところはあります。

ただ、学生の場合は、羽目《はめ》を外して、「グデングデンに酔《よ》って記憶《きおく》がなくなる」とか、「道端《みちばた》で寝《ね》そべってしまう」とかいうようなこともあるのでしょうが、そういうのは見ていてもそんなに好ましいものではないですよね。やはり、「自分がそうなりたいか」と言われると、「どうなんだろう」というところはあります。

まあ、「みんな、自分で考えればいいんじゃないかな」と思うところはあるんですけれども。先ほどの話の、「交際相手ではない男性と飲みに行っていいかどうか」というあたりは、私なら、本当に信用している先《せん》輩《ぱい》や友人以外とは、基本的に二人で飲みに行くことは避《さ》けると思います。そこはよく考えないと、危険な面はあると思うので。

どうしても断れない場合は、理由をつけて、他の友人にも来てもらって二人ではないシチュエーションにする、とかでしょうか。

ちなみに、私が中学生か高校生ぐらいのときで、まだ、お酒や飲み会などを経験したことがないときに、親戚《しんせき》のお姉さんが〝面白《おもしろ》い話〟として、教えてくれたことがあったのです。言っていいのかどうか分からないのですが、大学の友達の女の子が、お酒を飲んでグデングデンに酔ってしまい、その場で、〝お手洗い〟になってしまったことがあったそうなんですよ。

大川裕太　（苦笑）

大川紫央　その女の子は、朝起きたときには全然記憶がないわけですが、その始末《しまつ》を全部、その人の彼氏がしてくれていたらしいのです（苦笑）。その話を聞いたときに、私はすごくショックを受けて、「お酒を飲むと、そんなふうになってしまうことがあるのか」というのが心に刺《さ》さりました。

そういう意味では、「お酒は、自分の意識がちゃんとあるぐらいまでしか飲まない」というようなポイントはありますよね。

大川裕太　なるほど。そういう具体的な話は初めて聞きました。

大川紫央　今日は、「どぶろく話」ということだったので（笑）（会場笑）。

大川裕太　ああ、そうでしたね（笑）。

Point

お酒は「たしなむ程度」に。
記憶がなくなるまで飲むのは、
おすすめできません。

日本神道《しんとう》では、お酒は「御神酒《おみき》」として神前《しんぜん》に奉納《ほうのう》される

大川裕太　ただ、当会の経典《きょうてん》などを確認すると、「お酒を飲むと、悪霊《あくれい》が入ることがあるので、あんまり飲みすぎるとよくない」という教え自体はあります。

大川紫央　そのお酒の程度にもよりますよね。やはり、悪霊が来るぐらいまで飲んでしまったりとか、記憶がなくなるまで飲むとかいうのは、大人の飲み方として、少しおかしいと思うんです。見ていても、そんなにきれいなものでもないでしょう。

ただ、お酒も日本神道《しんとう》だと、よく「御神酒《おみき》」といって、多少、悪霊祓《ばら》いになるところもあると思うので、その量にもよると思うんですよね。

大川裕太　そうなんですね。

大川紫央　いちおう神前《しんぜん》に奉納《ほうのう》されているものなので。

大川裕太　確かに、明治神宮《じんぐう》などに行くとお酒がありますよね。

大川紫央　そう、たくさんお酒の樽《たる》があるんですよ。

大川裕太　はい。伊勢《いせ》神宮にもあります。

"パンダ的"用語解説

御神酒《おみき》

神社などで、祭礼のときに神前《しんぜん》にお供《そな》えするお酒のことです。祭礼が終わると、お供えした御神酒や食物は下げられ、参加者一同でいただきます。それには、神様が召し上がったものを飲食することで、神様の霊力《れいりょく》をいただき、邪気《じゃき》を祓《はら》うという意味があるそうです。

"クマさん的"ミニ解説

お酒を飲むと悪霊《あくれい》が入る?

大川隆法総裁は「お酒」と「悪霊憑依《あくれいひょうい》」の関係について、次のようにお説きくださっています。

悪霊は、お酒を飲むと非常に入りやすくなります。

それは、夜の十時以降、渋谷《しぶや》や新宿《しんじゅく》に行って、駅頭や駅のホームなどにいる酔《よ》っ払《ぱら》った人たちの姿を見れば分かるでしょう。

ああいう姿になると、その辺をうろうろしている浮遊霊《ふゆうれい》等が幾《いく》らでも入ってこられる状態になります。そのため、人格がコロッと変わって、何か訳の分からないことを叫《さけ》んでいたりしますが、本人は、たいてい覚えていません。そういうときには、いわゆる憑依霊現象によく似た状態が起きていて、別人格になるのです。

そこまではいかない場合でも、会社の帰りに同僚などとお酒を飲んでいる人のなかには、「お酒が一定の量を越すと人格が変わる」という人がよくいるはずです。文字通り、人格が変わっているのです。理性のほうが弱ってくると、霊が入ってきやすくなり、実際に、自分以外の人の霊が入って話しているわけです。(中略)

その意味で、「お酒には、インスタントな霊能者をつくる働きがある」ということが分かります。

――『地獄《じごく》の方程式』より

お酒はあくまでも「たしなむ程度」に抑《おさ》えたほうが、よさそうですね。

関連書籍:『地獄の方程式』『霊界散歩』(ともに大川隆法 著/幸福の科学出版)

大川紫央　まあ、飲む量の「程度」ぐらいは、自分で分かったほうがよいのではないかと思いますね。「吐《は》いたあとの処理を誰《だれ》かにしてもらうというのは、どうなのだろう」とは思います。

大川裕太　確かにそうですね（苦笑）。

お酒の付き合いにおける「中道《ちゅうどう》」とは

大川裕太　当会の職員さんによっても、そこの価値観はけっこう違《ちが》うと思います。

例えば、学生局長がすごく寛容な方《かた》のときと、けっこうリジッド（厳格）な方のときとでは、全然、方針が違ってくることもありますし（笑）。

また、広報系の幹部の方だったら、おそらくお酒の付き合いなどはあると思うのですが、精舎《しょうじゃ》系だったら、そういうのは絶対にない、というように、いろいろあると思うのです。

やはり、画一的にやるのは、なかなか難しいですよね。

大川紫央　ただ、「頻度《ひんど》」にもよるのかなと思いますね。

やはり、社会に出てからも、会社のなかでの仕事だけだと、人間関係がぎくしゃくしてしまうところもあるので、「アフターファイブで、みんなで交流をする」ということはあるでしょう。上司が飲み会などに連れていってくれて、そこでいろいろとお話を聞くことで社会勉強になるところもあるので、そうしたお付き合いはお付き合いとして、ある意味、大切にしなければいけない部分もあると思うのです。

ただ、その頻度が多すぎたり、お酒の量が度を超《こ》えて多すぎたりするのはよくないと思いますし、学生であれば、飲み会ばかりしているとなると、やはり、「もう少しちゃんと生活したほうがいいんじゃない？」と言われるのは当たり前なのではないでしょうか。

大川裕太　本当にそうですね。

大川紫央　「中道《ちゅうどう》の教え」は、そういうところにも生きてくるのではないかなと思います。

大川裕太　そうですね。

学生が飲み会に行くのを親の目線から見ると……

大川裕太　親御《おやご》さんとしては、「かわいい娘《むすめ》は護《まも》りたい」と思う方がいるわけですが、学生と

“パンダ的”用語解説

中《ちゅう》道《どう》

お釈迦《しゃか》様が菩提樹下《ぼだいじゅげ》で大いなる悟《さと》りを開かれたときに体得された、「極端な快楽のなかにも、極端な苦行《くぎょう》のなかにも、人間の真の幸福はない」という悟りの境地のことです。

関連書籍:『釈迦の本心』『信仰告白の時代』(ともに大川隆法 著／幸福の科学出版)

しては、「そうは言っても自由にやりたい」というところがあって、基準もまた違うとは思うんですよね。

学生はけっこう何でも自由に、「先輩《せんぱい》がやってるんだったらいいかな」ぐらいに流されてしまうところがあるのですが、紫央総裁補佐《ほさ》は私の母親なので、親の目線からの意見をお伺いできればと思います。

例えば、他《た》のご家庭の子には別に「ノー」とは言わないけれども、自分の息子《むすこ》や娘に対してだったら、「こういうのはやめて」と言いたくなるようなことはあるのでしょうか。

大川紫央　私から言うのも畏《おそ》れ多いのですけれども、その設定で話をするとすれば、やはり、毎晩飲み歩いたりとか、グデングデンになって、記憶が〝飛んで〟帰ってくるとか、真夜中に帰ってくるなどということが続くのは、よくないなとは思いますね。

ただ、「ときどき、ゼミの飲み会がある」とか、「月に一回ぐらい、サークルの飲み会があって行く」というようなことなら、別に、行ってもよいのではないでしょうか。そこで多少、失敗することもあるかもしれませんが、そういうことも、今後の人生の知恵《ちえ》にできるところはあるので、「しかたがないのではないかな」と個人的には思います。

大川裕太　やはり、子供が男性か女性かでも違いますかね。例えば、私が飲み会に行くのと、（姉の大川）咲也加《さやか》さんが飲み会に行くのとでは、親の目線からしても、また少し違う感じはあるのでしょうか。

大川紫央　それは女性のほうが心配は心配ですよね。

大川裕太　そうですよね。

郵便はがき

料金受取人払郵便

赤坂局
承認

8228

差出有効期間
平成29年11月
30日まで
(切手不要)

1 0 7 - 8 7 9 0

112

東京都港区赤坂2丁目10−14
幸福の科学出版(株)
愛読者アンケート係 行

フリガナ お名前	男・女	歳
ご住所 〒 都道府県		
お電話( ) −		
e-mail アドレス		
ご職業 ①会社員 ②会社役員 ③経営者 ④公務員 ⑤教員・研究者 ⑥自営業 ⑦主婦 ⑧学生 ⑨パート・アルバイト ⑩他( )		
今後、弊社の新刊案内などをお送りしてもよろしいですか? (はい・いいえ)		

愛読者プレゼント☆アンケート

『20代までに知っておきたい"8つの世渡り術"』のご購読ありがとうございました。今後の参考とさせていただきますので、下記の質問にお答えください。抽選で幸福の科学出版の書籍・雑誌をプレゼント致します。

（発表は発送をもってかえさせていただきます）

1 本書をどのようにお知りになりましたか？

①新聞広告を見て［新聞名：　　　　　　　　　　　　］
②ネット広告を見て［ウェブサイト名：　　　　　　　　］
③書店で見て　④ネット書店で見て　⑤幸福の科学出版のウェブサイト
⑥人に勧められて　⑦幸福の科学の小冊子　⑧月刊「ザ・リバティ」
⑨月刊「アー・ユー・ハッピー？」　⑩ラジオ番組「天使のモーニングコール」
⑪その他（　　　　　　　　　　　　）

2 本書をお読みになったご感想をお書きください。

3 今後読みたいテーマなどがありましたら、お書きください。

ご感想を匿名にて広告等に掲載させていただくことがございます。ご記入いただきました個人情報については、同意なく他の目的で使用することはございません。

ご協力ありがとうございました。

大川紫央　確かに、女性のほうがしっかりと気を持っておかないと、誰かに連れていかれることもあるかもしれないので、そういうところは心配です。

ただ、女性の側でも、もしアプローチしたい男性がいた場合、男性の方が連れていかれることもあるかもしれない（笑）。

大川裕太　ああ、なるほど。確かに（笑）。

大川隆法総裁解説

学校では教わらない〝暗黙《あんもく》ルール〟
「お酒の席」のルール①

社会人のお酒の場は「◎◎評定《ひょうてい》の場」でもある

大川隆法　やはり、社会人になった場合のお酒の付き合いには、断れないものはあるでしょうね。

ただ、一定の年齢《ねんれい》になれば、いろいろなことは知っているでしょうから大丈夫《だいじょうぶ》だとは思いますが、若い人の場合、気をつけたほうがよいことがあります。たぶん、「アフターファイブでやるから、これはプライベートの時間だ」と思って、カラオケで歌ったり、お酒を飲んだりしているのでしょうが、実は、その酒の場は「人事評定《ひょうてい》の場」なんですよ。

大川裕太　なるほど。

大川隆法　お酒、アルコールが入ると本音が出始めるので、「こいつがどういうことをしゃべるか」「どういう人が好きで、どういう人が嫌いか」「どういう悪口を思っているか」というようなことを、気がつかないうちにベラベラとしゃべっているんですよね。

しかし、これが、実は「人事評定の場」であって、十分、情報収集されています。これで、「どの派に属するか」というようなことまで決まる場合もあるので、そのあたりをよく知らなければいけません。「その人についていっていると、こちらの派閥《はばつ》に入る」とか、そんなことまで決まる場合もあることはあるので、非常に難しいところがあるわけです。

やはり、年が若い人は、お酒を飲む場合でも、ある程度、「理性」の部分を残しておく必要があります。自分を観察し、他の人たちを観察して、気配りができる程度のところは残しておかないといけないですね。自分のほうが酔っ払《ぱら》ってしまったら、逆に、〝まな板の鯉《こい》〟になって、「みんなに見られて、最後は醜態《しゅうたい》をさらす」ということがあるので、よく気をつけてください。

それから、ベテランの場合は、酔ってもいないのに、酔っているふりができる人が多いのです。すごく酔っていると思って、「無礼講《ぶれいこう》だ」というような感じで言われて、その気になって、いろいろなことをしゃべると、それがあとで大変なことになることもありますからね。

そういうわけで、お酒の場は、だいたい、「人物を見られている場だ」と見てよいでしょう。

「上司の家に招かれる」とはどういうことか

大川隆法　ときには「昇進《しょうしん》させるかどうか」を判断するときに、家に連れてくることがあります。上司が部下を家に誘って、家でご飯《はん》を食べさせたり、お酒を飲ませたりして、実は奥《おく》さんに意見を訊《き》く場合があるんですね。

「こいつを部長にしていいかどうか」というのを、奥さんの目を通して見るわけです。「おまえ、どう思うか」と訊かれて、奥さんが、「どうもあの人には、反逆の相《そう》があるような気がする」などと答えるわけですが、これは〝女の勘《かん》〟です。「あなたにとって、何か悪いことを持ってきそうな気がする」とか、その反対に、「いいように思う」とか、けっこう言うわけです。そういう場で、昇進の〝首実検《くびじっけん》〟をされていることがよくあるんですね。

だから、まったくプライベートな問題の場合は別としても、仕事関係が絡《から》んだ場合は、「完璧《かんぺき》に自分を許して、解放してしまったら駄目《だめ》だ」ということですね。

あとは、学校関係の場合は、ちょっと分かりませんが、やはり、学校にいられないようなことをしでかしたりするのは、まずいでしょう。

大川裕太　そうですね。

大川隆法　そのあたりの「羽目《はめ》を外さないレベル」というのは、要《い》るのではないかと思います。

大川裕太　はい。分かりました。ありがとうございます。

Point

「お酒の席」のルール①

お酒の席は「人事評定《ひょうてい》の場」でもある。

上司の家に招かれた場合は、昇進《しょうしん》の〝首実検《くびじっけん》〟をされていることがある。

お酒の席ではこんなところを見られている

大川紫央　確かに、社会人になってからの飲み会の場というのは、年下の人の場合、「気遣《きづか》いができる子かどうか」とかを、けっこう見られていたりするところもあります。

大川裕太　ほう。

大川紫央　だから、総裁先生のおっしゃるとおり、気が抜《ぬ》けないといえば気が抜けないところはあるように感じますね。

大川裕太　なるほど。そうですね。

大川紫央　例えば、学生のなかでも、酔い潰《つぶ》れているように見せながら、ちゃんと幹事などの役割を果たしている人もいます。すごく楽しんでいるように見えて、実は理性を保っているところがあるわけですが、そういう人は、けっこう飲み会とかがうまいんだと思うのです。

まあ、「生き渡《わた》る」というか、潰れない程度に理性を残しつつ、すごくみんなを楽しませているような人もいるので、そういう意味では、本当に酔い潰れてしまって駄目になる人との差は、見たほうがいいかもしれません。

大川裕太　なるほど！　非常に参考になるご意見をありがとうございます。

“パンダ的”ミニ解説

お酒の席での気配り

気配りができる人がいると、お酒の席はとても楽しいものになります。「こんな気配りができると喜ばれる」という一例をご紹介します。

・個室の居酒屋《いざかや》さんなどでは、「テーブルの出入り口付近」や「注文タブレットの近く」に席を取り、注文取りやお皿の受け渡しを積極的に行う。

・教授や上司などが同席している場合は、相手の席まで行ってお酌《しゃく》をする。

・お酌をするときは、ビンのラベルが相手側に向くようにする。

・乾杯《かんぱい》のときは、グラスを先輩や上司より低く掲《かか》げる。

・食べ物や飲み物が全員に行き渡っているか、常に気を配る。

・同席する人たちの食べ物や飲み物の好みを覚えていて、相手が好きな物をすすめる。以前、相手が「苦手だ」と言っていたものを、うっかりすすめない。

・酔《よ》いが回っている人がいたら、さりげなく水やお茶を注文する。

学校では教わらない〝暗黙《あんもく》ルール〟「お酒の席」のルール②

飲み会の場を乗り切るための「処世学」

大川隆法　先ほど「出世の条件としてチェックされることがある」という話をしましたが、私の経験でも、こんなことがありました。それは、商社マン時代にアメリカに行っていたときのことです。

あるとき、日本から、ニューヨーク本社の元財務部長で、そのときは財務本部長になっていた方が出張して来られたのですが、やはり、みんなで飲みに行ったりするんですね。そうなると、部下たちは出し物をしたりして、いろいろ面白く振《ふ》る舞《ま》わなければいけないわけです。

そこで、東大の先輩で課長をしていた方も、かなり酔っ払ったふりをして、顔を赤くしてやっていましたが、私も酔っ払ったふりをしてやっていました。そして、最後、ふざけ合って、男同士でキスするところまで場面が行ってしまったのです。結局、両者抱《だ》き合ってキスしたのですが（笑）、キスしながらお互《たが》いの目を見ると、両方とも醒《さ》めているんですね。

大川裕太 （笑）

大川隆法 お互い、「なかなか、できるな」というか、剣《けん》の切《き》っ先《さき》が当たっているような感じでした。相手も酔っ払っているふりをしているのですが、本当は酔っていないのです。まあ、東大出の先輩ですけれどもね。また、こちらも、実は酔っていません。要は、「日本から来た役員さんを、どのように楽しませるか」ということをやっているわけです。

ただ、「その程度の遊びを〝演出〟するぐらいまでのキャパがあるかないか」というようなところまで、人物眼として見られる面はあるんですね。

大川裕太　なるほど。

大川隆法　あるいは、上司の持ち歌なんかも知っていなければいけないところもあります。

やはり、カラオケで、上司の持ち歌を、新入社員や二年目ぐらいが先に歌ってしまったりすると、上司の機嫌《きげん》が悪くなることがあるのです。最初、その理由が分からないのですが、あとから先輩が必ず教えてくれますね。「あれは、あの人の持ち歌なんだよ。おまえが先に歌っちゃったのが、まずかったんだ」とか、けっこう言われることがあるわけです。

だから、けっこう怖《こわ》い場なんだということは知っておいたほうがいいと思います。

ただ、それは、学生時代のお酒の飲み方も、たぶん一緒《いっしょ》でしょう。酔い潰れてしまって、みんなに迷惑《めいわく》をかけるような人には、同じ傾向《けいこう》があるのではないでしょうか。

大川裕太　確かに。

大川隆法　だから、そういう人の場合は、どうしても行かなくてはいけないと思うのなら、一次会ぐらいで終わっておくことです。また、一次会でも、飲みすぎない程度にしておくことですね。

大川裕太　なるほど。

大川隆法　例えば、私も、何年も付き合いがあったのに、「お酒が飲めない」というのが分からなかった人もいたぐらいです。その人は、お酒を飲んでいるふりをして、実は飲んでいませんでした。一生懸命《いっしょうけんめい》に氷を入れて、要するに、“氷水《こおりみず》”を飲んでいたのです。

それが他の人には分からなかったのですが、そういう人もいて、実に上手なんです。酔ったようにだんだん変わってくるので分からないのですが、そういう人もいました。

もちろん、遺伝子的にお酒に強い人と弱い人がいるので、多少の違いはあるでしょう。ただ、いろいろなことを考えた上で、「処世学」は身につけられたほうがいいかなと思います。

大川裕太　なるほど。ありがとうございます。

Point

「お酒の席」のルール②

お酒の席では、「上司や接待《せったい》相手を楽しませるための〝演出〟をするキャパがあるか」も見られている。

カラオケで上司や接待相手の持ち歌を歌わないこと。

お酒が飲めない人は、「飲んでいるふり」をする術《すべ》を身につけるとよい。

世渡り術

4

社会人になったら問われる

「公《こう》」と「私《し》」の区別

女性は、仕事に「私《し》」の感情を持ち込《こ》みやすい？

大川裕太　それでは続きまして、「女性の処世学編」的なところに入っていきたいと思います。

特に、社会に出てからあとのこともあると思うのですが、まず一つお聞きしたいのが、「公私の区別」についてです。総裁先生も、「女性が仕事をしていく上で、この点は、一つの関門になる」というようにおっしゃっていたと思います（『感化力』〈幸福の科学出版刊〉参照）。

ところが、学生のうちは、なかなか公私混同が問題になることがありません。そして、そういう経験がないなかで、実際に大人になったときに、「どういうことがまずくて、どういうことがいいのか」といったところが、だんだん分かってく

『感化力──スキルの先にあるリーダーシップ──』
大川隆法 著／幸福の科学出版

人を動かし、組織を発展させる「感化力」をテーマにした一冊。「目上の人の心を動かす説得術」や「人間関係の距離の取り方」など、若い世代にも読んでほしい、実践的な智慧が満載です。

るのだと思うのです。

いずれにせよ、「特に女性は、公私の区別のところが関門になる」と説かれてもいるので、もし紫央総裁補佐《ほさ》の目から見て、「こういうところが甘《あま》いといけない」とか、「こういうところは、しっかり気をつけなくてはいけない」というようなものがもしありましたら、教えていただきたいと思います。

大川紫央　これは確かにすごく難しくて、私自身も、日々気をつけなくてはいけないなと思っているところではあるんですね。

やはり、最初に思いつくのは、感情の面から、「公《こう》」と「私《し》」の区別がつかなくなってしまうところでしょうか。たぶん、「私的なところで感情的にいろいろと問題があって、それを職場に持ち込《こ》んで、そのまま仕事をしてしまう」というところは、女性のほうが強いのかなという感じもします。「何かずっと不機嫌《ふきげん》だけど、どうしたんだろう」といったようなことですかね。

大川裕太　ふむふむ。

大川紫央　また、「上下関係」というところも難しいかもしれません。
男性であれば、上司から怒《おこ》られても、ある程度、上下関係がはっきりしているところもあるのですが、女性の場合だと、歴史のなかでは、明確に上下関係がつくということが、もしかしたら、今までそんなになかったのかもしれないわけです。だから、仕事で怒られても、結局仕事ではなくて、自分が否定されたように思ってしまうんですね。
それで本来、「仕事論」として考えるべきところが、相手への好き嫌《きら》いや恨《うら》みにまで発展して、人間関係自体が悪くなるということがあるよ

"パンダ的"ミニ解説

仕事における公私混同

「公《こう》」と「私《し》」の線引きは難しいものですが、立場が上がれば上がるほど、世間の目も厳しくなります。例えば、こんなことをしていると、「公私混同」とされる可能性があるので要注意！

- **仕事能力に関係なく、仲のいい人を仕事でも高く評価する。**
- **仕事上必要な情報を、仲の悪い人や苦手な人に伝えなかったり、伝えるのを後回しにしたりする。**
- **会社の備品を自宅用に持ち帰る。**
- **会社から支給された交通費を私用で使う。**
- **会社の電話を私用で使う。**
- **就業時間中に、インターネット（スマホ）で買い物をする。**
- **部下に、私物を買いに行かせる。**
- **習い事や美容院の予約などを理由に早退する。**

うに思います。「そういう感覚になるのは女性のほうが強いのかな」という気はします。

大川裕太　はい。

大川紫央　だから、そこの割り切り方というか、それをやらないと、女性のほうも、怒られたら立ち直れなくなったりしてしまうので、そういうところは気をつけなくてはいけないと思いますね。

大川裕太　なるほど。ありがとうございます。

立場が上がるほど、公私の別がなくなっていく

大川裕太　ただ、私は見ていて思うのですが、紫央総裁補佐の場合、「総

裁先生を二十四時間お護《まも》りする」という意味で、ずっと「公」といった感じのところもあると思うのです。

大川紫央　はい。

大川裕太　そのような紫央総裁補佐が、とりわけ気をつけていることなどがあれば教えていただきたいと思います。

大川紫央　そうですねえ……。

やはり、公を優先するなら、「私の部分を、どこまで切れるか」というところはあるのかなと思いますね。例えば、日常的なことで言えば、「友達と遊びに行く」というようなところでしょうか。おそらく、それを我《が》慢《まん》できる人もいれば、我慢できない人もいるとは思うのです。

ただ、仕事の面が大きくなってくると、私的な部分というのが、なくなってきてしまうところはあるので。

大川裕太　そうですね。

大川紫央　また、役職が高くなると、私的なところも追及《ついきゅう》はされるようになりますよね。周りの人も見ているし、やはり、「こうあってほしい」というところがあるじゃないですか。

大川裕太　はい。

大川紫央　最近では、テレビの情報番組などを観《み》ていると、「育休《いくきゅう》を取ると言っていたイクメン政治家が、妻の出産時期に不倫《ふりん》をしていた」ということが追及されていますよね（苦笑）。

大川裕太　（苦笑）

大川紫央　そのニュースがずっと流れています。それで、街のおばあちゃんとかの声を聞くと、「やっぱり、政治家っていうのは模範《もはん》にならなきゃいけないんだから、そういうことをしないでほしかった」というようなことをおっしゃっているわけです。

そういう意味では、役職が高くなると、みんなから求められる人物像や理想像といったものがあるのでしょう。そして、そこから外れると、けっこう人が離《はな》れていったり、嫉妬《しっと》につながったりというように、怖《こわ》い面は多分にあると思うのです。

そのように、だんだん公と私の区別がなくなっていくような世界というのは、確かに存在するんですね。私もこの役職に就《つ》かせていただいてから、それが分かったのですが、非常に大きい気づきでしたね。

大川裕太　なるほど。

> **Point**
>
> 立場が上がれば上がるほど、求められる理想像が高くなり、そこから外れると、批判をされる。

「仕事」と「プライベート」の区別がつきにくい日本社会

大川裕太　例えば、アメリカ人などは、けっこう、公と私をしっかり分けると思うのです。「会社では上司だけど、プライベートでは友達」みたいな。

大川紫央　うん、うん、うん。

大川裕太　ところが、日本社会だと、プライベートでも、会社での関係が残っていますよね。

大川紫央　ああ、確かにすごく残っていると思います。

先ほど、総裁先生も、飲み会のときのお話をされていましたけれども、日本社会では、アフターファイブと言いつつ、仕事上の人間関係がずっと続いているようなところはありますよね。

大川裕太　うん、うん。

大川紫央　それが、すごく大きいのかなと思いました。

友達などであれば、多少、友情関係が残っているかもしれないですよ。でも、そうは言っても、「同じ組織のなかで、役職も違《ちが》えば、やっている仕事も違って……」となると、プライベートでしゃべったことであったとしても、「ああ、この人はそういう考え方をしているんだな」と分かるところがあるじゃないですか。

大川裕太　はい。

大川紫央　仕事においても、「この分野に関しては、こういう思いを持っているんだな」とか、「こういう不満があるんだな」とか、そういうことは、プライベートだからこそ出やすいんだと思うんですよ。

ところが、それを聞いたほうからすると、どうしても仕事につながるんですよね。

大川裕太　そうですね。

大川紫央　だから、そういうところは公私の区別がないなとは思います。

大川裕太　なるほど。分かりました。

大川隆法総裁解説

学校では教わらない〝暗黙《あんもく》ルール〟
「公と私」のルール

「私《し》」の部分がストレートに出る、女性社員の〝復讐《ふくしゅう》〟

大川隆法　男性が、女性相手の場合に特に気をつけなくてはいけないのは、プライベートの部分で集《つど》いなどをやったときの発言ですね。

例えば、女性がセクハラ発言などを受けると、仕事の面で〝復讐《ふくしゅう》〟が始まったりすることがあります。男性の場合、そこまでストレートに出ない場合が多いのですが、女性の場合、仕事の面で露骨《ろこつ》に嫌《いや》がらせが始まったりするようなことはあるのです。

やはり、このへんを抑《おさ》えられるかどうかが、「公人的な立場に立っているかどうか」の一つのモノサシになるとは言えますね。

大川裕太　なるほど。

大川隆法　女性は絶対、忘れないんですよ。私的な面であっても、自分を侮辱《ぶじょく》したり、からかったり、蔑《さげす》んだりしたような発言が、ずっと心に残っています。だから、仕事の面で、たいてい八割以上は復讐が来るのです。

男性には、やや抑えるところがありますが、女性だと、たいてい来ます。女性上司を持つ場合は、それに気をつけなくてはいけないですね。

それは、部下の場合でも同じです。やはり、私的な場で、いじめられたとか、悪口を言われたとかいうのを根に持っていると、仕事のほうで、わざとミスをしたり、〝手抜《てぬ》き〟をしたりします。

あるいは、重要な客が来たときに、お茶を出してほしいのに、みんなでボイコットして、お茶を出さずに恥《はじ》をかかせるようなかたちで復讐されることもあります。ただし、それは、やった自分自身にも返ってきますけどね。

そのように、「私《し》だけの場」といっても、油断してはいけないところはありますね。

ともかく、女性は、そのへんを乗り越《こ》えるだけの「理性」をつくらなくてはいけないという面もあるかと思います。

大川裕太　なるほど。分かりました。ありがとうございます。

Point

「公と私」のルール

プライベートな場での「セクハラ発言」などに対し、仕事で〝復讐《ふくしゅう》〟しているうちは、「公人的な立場」に立っているとは言えない。「公」と「私」を分ける「理性」を持つことが大事。

世渡り術

5

「お金の使い方」に出るあなたの社会常識度

環境《かんきょう》の変化に応じて自分を変えていけるかどうか

大川裕太　続いて、「金銭感覚」についてお聞きしたいと思います。

やはり、社会に出ると、その社会的身分相応に、お金の使い方が違《ちが》ってくると思うのです。学生であれば、みんな同じようにお金を使ったりするでしょうし、親御《おやご》さんが裕福《ゆうふく》だったりすると、けっこうパッとお金を使って、何とも気が咎《とが》めなかったりすることもあるかもしれません。

ところが、社会に出たときに、社会人から見て、「おまえ、そういうお金の使い方はおかしいよ」というようなことがあるように思います。

また、結婚《けっこん》するにしても、例えば、奥《おく》さんのほうが裕福な家庭に育ったためにお金の使い方がちょっと荒《あら》くて、家庭内でトラブルになることもあると思います。あるいは、逆に、夫が非常に出世して家庭の収入が上がってきたのに、奥さんのほうが、まだまだ庶民《しょみん》意識みたいなものを家庭の傾向《けいこう》として持ち続けたときには、やや身分不相応な感じになってくるようにも思います。

大川紫央　ええ。

大川裕太　さらに、購入《こうにゅう》するものに関しても、社会的な地位と対応しているものがあると思うのです。

例えば、車や宝飾品《ほうしょくひん》については、「こういう社会的身分の人じゃないと、普通《ふつう》は、お金があっても買ってはいけないものだ」とか、「もし買っていたら、周りの人からこういうふうに見られるよ」とかいうことがありますよね。ほかにも、「子連れでグリーン車なんかに乗るもんじゃない」といったようなことが、いろいろあるかもしれません。

そのように、学生の場合、お金の使い方を教わっていないので、このあたりに関して紫央総裁補佐《ほさ》が気をつけていることなどを教えていただければと思います。

大川紫央　まあ、金銭感覚のところは、結婚していた場合、見聞きするかぎりは、十分に離婚《りこん》事由になりえますよね。そのくらいのものには発展するはずです。だから、確かに、重要な価値観のポイントの一つだとは思うんですよ。

「社会的な自分の立ち位置や、頂くお給料の額などが変わってきたときに、それに見合った自分に変化できるかどうか」というのも、私たちに与《あた》えられている問題集の一つでもあるわけですね。そしてそれは、「お金の使い方に関して言っても同じである」と言うべきかもしれません。

大川裕太　はい。

大川紫央　ただ、自分の変化に合わせて環境《かんきょう》が変わる場合もあるけれども、「環境が変わったときに、自分が変化していけるかどうか」というところも、すごく大きいと思います。

例えば、質問のなかにあったように、伴侶《はんりょ》同士であっても、片方だけが変わっていって、もう片方が変われない場合は、かなり乖離《かいり》ができてしまいますよね。だから、常にそれに対応して変化できるかどうかというのは、自分でも気をつけていかなくてはいけないと思っています。

大川裕太　うん、うん。

大川紫央　私自身も、自分の立場とか、周りの人たちの立ち位置の関係によって、変化していかなくてはいけないし、そこで変化できなかった場合は、たぶん落ちこぼれていってしまうでしょう。そこは、すごく気をつけなくてはいけないと思っているんです。

実は、総裁先生からも、お母様である秘書長先生に関して、「男性はけっこう変わっていけるけど、女性は一定の年齢《ねんれい》が来ると変われないことが多い。でも、秘書長先生は、けっこう変わってこられている。変化をされているんだ」というようなお話をお聞きしたことがありました。

そのように、「周りが変わったときに、自分もそれに合わせて変化できるかどうか」というところは、大きいのではないかと思っています。

Point

「社会的な立場」や「収入の変化」に応じて、金銭感覚も変化させていくことが大事。

「質素倹約《しっそけんやく》の美徳」と「富《とみ》を善なるものと思う心」

大川紫央　ただ、金銭感覚については、「質素倹約《しっそけんやく》」というのが、日本の昔からの美徳の一つでもありますよね。だから、華美《かび》にしすぎると、贅《ぜい》沢《たく》をしているように見えるので、嫉妬《しっと》社会と言われる日本社会では、なかなか難しい面があるかと思うんですよ。

ただ一方で、総裁先生から教えていただいている真理に照らしてみると、成功してそれなりのステータスを持った場合に、それに見合ったものを身に着けたりして、富《とみ》や繁栄《はんえい》を肯定《こうてい》することも大切です。何かを買うと、そのお金は社会に還元《かんげん》されることにもなりますし。富を善なるものと思う心はすごく大切なので、質素倹約で必要以上に富を弾《はじ》くだけではなく、「富とは、どういうものなのか」ということも学んでいかなくてはいけないだろうと思います。

ただ、いくら自分でお給料を頂いていても、自分の立ち位置などに比べて、あまりにも豪華《ごうか》な生活をしすぎてしまい、「身に余っているんじゃないか」「身の丈《たけ》に合っていないんじゃないか」という場合には、けっこう周りがそれを判断してきますよね。自分では「それでいい」と思っていても、周りは、「それは使いすぎじゃないのか」と見ていることもあるので、そのへんを感じ取る能力も重要なのだろうと感じています。

大川裕太　ただ、周りの人は、直接言ってはこないですよね。それを「雰囲気《ふんいき》で察する」ということなんでしょうか。

大川紫央　ええ、けっこう雰囲気というものはありますよ。

大川裕太　なるほど。そうですか。

大川紫央　例えば、「周りの人があまり近寄ってきてくれなくなる」ということもあるかもしれないですしね。そういう、「空気を察する能力」というものも、身につけていかないといけないところはあると思います。

大川裕太　なるほど。ありがとうございます。

大川紫央　大丈夫《だいじょうぶ》ですか。答えになっていますでしょうか。

Point

「自分の金銭感覚が周りからどう見えるか」を「察する能力」も必要。

若い人が賢《かしこ》くお金を貯《た》めるコツ

大川裕太　そうですね、これを聞いてはいけないのかもしれませんが（笑）、紫央総裁補佐がお給料を頂いて使い方を考えるときに、例えば、「ここまで行ったら、ちょっと行きすぎ」というような感じで、昔から心《こころ》掛《が》けていることはありますか。

大川紫央　昔から心掛けていること……。まあ、「全部は使わずに、ちゃんと必ず貯金をしよう」というところはあって、それはしていますね。

例えば、本多静六《ほんだせいろく》先生であれば、「四分の一天引《てんび》き法《ほう》」（144〜145ページ・ミニ解説参照）についておっしゃっていると思うんですけれども、そういうふうに、自分で割り切るのもいいかもしれません。

大川裕太　なるほど。

大川紫央　ただ、自分が持っているお金の額全体に対して、「これは、ちょっと使いすぎたかな」という感覚というのは、やっぱりあると思うんですよ。

大川裕太　はい。

大川紫央　あるいは、それを超《こ》えてしまって、「お金を借りなきゃ生きていけない」というようになるなら、それは完全に生活態度を改めたほうがいいと思うんです。

大川裕太　なるほど。

"パンダ的"ミニ解説

四分の一天引き法

本多《ほんだ》静六《せいろく》先生（１８６６～１９５２）は、日本の林学《りんがく》博士です。「収入の四分の一を天引きして貯蓄に回し、将来に備える」という「四分の一天引き法」を提唱され、大学教授でありながら巨富《きょふ》を築いた「蓄財の達人」としても有名です。

この本多静六先生について、大川隆法総裁は次のように説かれています。

博士は戦前から、「四分の一天引き法」というものを実践《じっせん》していて、東大の教授でありながら、税務署から所得ナンバーワンで表彰されるほどの高額所得者になりました。また、戦前でありながら海外に十九回も旅行をし、三百数十冊の書物を著《あらわ》しました。このように、金銭的にも、この世的にも、いろいろと認められ、非常に大活躍《かつやく》をした人です。（中略）

その基本思想は、「収入の四分の一をすべて貯金していく」という考え方でした。

収入の四分の一を貯金し、月末になって、お金が少なくなり、ゴマ塩だけで食事をしなければならなくなっても、家族全員の了解を得て、それを実践する。ボーナスその他、不意に入ってくる収入は、すべて貯金に回す。そして、貯金が一定額になると運用に回し、さらに利殖《りしょく》に励《はげ》むことにし、次《し》第《だい》しだいに不労所得のほうが通常の収入よりも多いかたちにしていく。このようにして、彼は非常に大きな経済的基礎《きそ》を築いたのです。（中略）

ところが、現代の生活を見てみると、現代人たちには消費のほうを先行する傾向《けいこう》があります。将来に入ってくるお金を目当てにして、先に物を買ってしまいます。これは、おそらく欲望のほうが理性に勝っている状《じょう》況《きょう》だと思います。ボーナスを見込《みこ》んで先に物を手に入れようとするのは地獄《じごく》型経済と言ってもよいでしょう。（中略）

しかし、経済においては、やはり収入の範囲《はんい》内で生活するのが原則なのです。いや、収入の範囲から、一定部分を、貯蓄、蓄財に回すのが天国的生活なのです。

時代が変わっても、この原則は変わりません。現在どのような経済機構が進んでいても、やはり変わらないのです。それは、「貯蓄をしていく」「将来のために、あらかじめ資金を残していく」という活動自体が、実は精神的な余裕《よゆう》を生み出すからなのです。

――『仕事と愛』より

また、本多先生よりもはるか昔、お釈迦《しゃか》様も在家《ざいけ》の信者に、「収入のうち、四分の一ぐらいは、自分が個人的に必要なこと、自分の周りのことに使い、二分の一ぐらいは、農業や商業などの家業を運営していくために使い、残りの四分の一ぐらいを、将来に備えて蓄えなさい」ということを説かれていたそうです。

いきなり「四分の一」が難しい方は「五分の一」や「六分の一」からでもいいので、毎月一定の額を貯蓄に回すよき習慣を、ぜひ持ちたいものですね。

本多静六先生の
霊言も
あります！

『人間にとって
幸福とは何か』
大川隆法 著／
幸福の科学出版

関連書籍:『仕事と愛』（大川隆法 著／幸福の科学出版）

大川紫央　あとは、将来のために、計画的に貯《た》めなくてはいけないところもありますからね。

大川裕太　そうなんですよ。若者には、けっこう、そこの意識が抜《ぬ》けている人もいたりします。例えば、若いうちに結婚して、早く子供ができたりするケースもありますよね。

大川紫央　うん、うん。

大川裕太　ところが、若いうちは、なかなか給料が上がってこないじゃないですか。そういう時期なのに、人生計画についてあまり先まで考えず、流れで恋愛《れんあい》結婚をしてしまい、さらに親御さんも定年退職してしまったりすると、あとあと金銭的に困ることもあると思うのです。
そのあたりも踏《ふ》まえて、若い人が賢《かしこ》くお金を貯めるコツといったものがありましたら教えてください。

大川紫央　そうですね。若いうちに結婚して、すぐに子供ができたりすると、大半の場合は、金銭的にもすごくきついだろうし、かつ、仕事もいろいろ覚えなくてはいけない時期だから、たぶん、いっぱいいっぱいになってしまって、もたないことが多いと思うんです。
世間一般《せけんいっぱん》の大人から、「結婚は少し遅《おそ》いほうがいい」とか、「一人前になってからしなさい」とか言われるのは、そこに理由があると思うんですよね。

大川裕太　うん、うん。

大川紫央　でも、うまくいってる人もいることはいます。私が見てきたなかでも、「ちゃんと結婚生活もうまくいって、お子さんもできて」という家庭はあるんですよ。

ただ、そうできたとしても、そのほかのところについて、自分たちなりに、どこかは我慢《がまん》しなくてはいけないわけです。自分たちにかかる費用のなかで、削《けず》れる部分は削って、その分を育児費用や子供の学費、生活費にあてていかなければなりません。その我慢ができるかどうかというところは大きいと思いますね。

大川裕太　なるほど。我慢ですね。

大川紫央　やはり、何かを得れば得た分、何かを捨てなくてはいけないか、我慢しなくてはいけない部分はあるんですよ。何かを得たけれども、何も捨てられないというのであれば、たぶん生活できなくなってしまうでしょうね。

何かを選び取ったのなら、何かの部分は我慢して、貯蓄《ちょちく》のほうに回すなりしないと駄目《だめ》なんだろうと思います。

大川裕太　なるほど。分かりました。ありがとうございます。

Point

何かを得たら、何かを捨てたり、我慢《がまん》したりしなければならない。

世渡り術

6

気づかないうちに「法律違反《いはん》」をしていない？

法律に触《ふ》れずに人生をうまく〝生き渡《わた》る〟には

大川裕太　今回、「社会常識」というテーマについてお伺《うかが》いしていますが、社会的な生き方に関する「処世術」のあたりの質問もさせていただきたいと思っています。

まず、学生のころの勉強にも絡《から》んでくるかもしれませんが、学生の間にあまり社会のルールを学んでこなかった場合に、法律の知識がそれほどしっかり入っていなかったりして、「あ、これって、実は法律に触《ふ》れていたんだ」ということが分からないまま、大人になってしまっていることも、けっこうあるのではないかと感じています。

大川紫央　はい。

大川裕太　例えば、選挙においては、立候補者のポスターを剝《は》がしたりしてはいけないのですよね。

また、女の子を追いかけているつもりでいたら、実は「ストーカー規制法」に抵触《ていしょく》していて、〝お縄《なわ》にかかって〟しまったりする人もいるかもしれません。

あとは、お金を友達から借りていて、あとで返すつもりだったけれども、使ってしまって、訴訟沙汰《そしょうざた》になるようなこともあるかと思います。

いわゆる「リーガルマインド（法律的思考）」というのでしょうか。そういうセンスが教育されている若者と、全然、そういうものに触れずに生きてきた若者とでは、思考回路というか、人生をうまく生き渡《わた》っていくための危機管理能力のようなところに、だいぶ違《ちが》いがあるような気がするのです。

そのあたりについて、うまく〝生き残る〟コツが何かありましたら、教えていただきたいです。

大川紫央　そうですねえ。何でしょうね。

でも、たとえ法学部に行っていたとしても、「選挙ポスターの紙を破ってはいけない」というようなところまで細《こま》かく勉強するわけではありませんよね、その事例が出てこないかぎり。

大川裕太　そうですね。はい。

大川紫央　そういうことを、どんなところで学ぶかというところですね。

大川裕太　センスのようなものはあるのでしょうか。「これはまずい」と、何となく感じるセンスのようなものは……。

大川紫央　でも、学校でも「他人《ひと》のものを盗《と》ってはいけない」とか言われているでしょうし、校内に貼《は》られている絵画《かいが》やポスターなどを剝がすと、普通《ふつう》は怒《おこ》られると思うんですよね。怒られないかな？

大川裕太　注意されるレベルが、「法律的に捕《つか》まってしまうものかどうか」というところですかね。要は、「家の人に注意されるレベル」なのか、「完全に警察行きになるレベル」なのかの違いがあまり見えていない学生、若者もけっこういたりします。

「友達、あるいはその親をうまく説得すれば何とかなるレベルのものかと思ったけれども、実は、法律に触れていた」というようなこともあるかもしれません。

大川紫央　それは、〝不運〟としか言いようがない面もあるかもしれませんけど（笑）。

大川裕太　そうですね。はい。

世の中には、要領《ようりょう》のいい人と悪い人がいる？

大川紫央　でも、法学部にいると学ぶことですが、例えば、お庭に面している隣家《りんか》の塀《へい》からちょっと木の枝が出ていただけで、訴訟事件になったりすることもあるぐらいですから。そういうものを別に訴訟にしようとは思わない人もいる一方で、それで訴訟沙汰になってしまう人もいる世界ではありますよね。

大川裕太　なるほど。ただ、慎重派ではなくて行動派の人でも、意外と

“クマさん的”ミニ解説

これをしたら、実は犯罪！

授業の合間にコンビニへ。歩くと次の授業に間に合わないので、校内に止めてあった自転車を、ちょっと拝借 → **窃《せっ》盗《とう》罪《ざい》**

「ちょっと借りただけ」のつもりでも、法律的には泥棒と同じです。

新歓コンパで「飲めないんです」と言う新人に無理やり「イッキ飲み」をさせたら、倒れて救急車を呼ぶはめに → **傷《しょう》害《がい》罪《ざい》の可能性**

相手が急性アルコール中毒などで倒れた場合、「傷害罪」まで行かなくても、治療費や入院費に相当する額の賠償金を請求される可能性があります。相手が未成年の場合は、飲ませた側が「未成年者飲酒禁止法」違反に問われます。

食べ放題・飲み放題のコースを団体で利用。途中で人数が増えたけど、ほとんど飲食していないので会計人数に入れなかった → **詐《さ》欺《ぎ》罪《ざい》**

グループでファミレスなどに行き、注文していない人までドリンクバーやサラダバーを利用することも、同じく「詐欺罪」に当たります。

恋人にフラれた腹いせに、SNSに相手の恥ずかしい写真をアップ。あることないこと、悪口をぶちまけた → **名《めい》誉《よ》毀《き》損《そん》罪《ざい》の可能性**

写真が性的なものであれば、「リベンジポルノ防止法（私事性的画像記録の提供等による被害の防止に関する法律）」違反に。また、内容が事実に基づかなかったり、悪意に満ちていたりすると、「名誉毀損罪」が成立する可能性があります。

また、2015年6月1日に「改正道路交通法」が一部施行され、14歳以上を対象に、自転車の交通ルール違反の罰則が強化されています。「信号無視」「酒酔い運転」「スマートフォンを見ながらの片手運転」などを含む14項目が危険運転として規定され、3年以内に2回以上繰り返した場合は、安全講習の受講が義務づけられます（受講命令に背《そむ》いた場合は5万円以下の罰金）。

監修：幸福の科学法務室

そういう「危機」を察知して〝逃《に》げ切る〟のがうまかったりする人もいるように思います。一方で、そういうセンスに鈍《にぶ》そうな、見ていて、何だか危《あや》うい人もいますよね。その違いは何かあるのでしょうか。

こういう言い方をしてもいいのかどうかは分かりませんが、うまく〝生き残っていく〟コツなどはあるのでしょうか。

大川紫央　例えば、インターネットに出ている情報などにも、すごく法律に触れているようなものや、名誉毀損《めいよきそん》と思われるものが、けっこうありますよね。

大川裕太　はい、はい。

大川紫央　「逮捕《たいほ》に至るかどうか」というラインを見極《みきわ》めるのは、どうなんでしょうかね。うーん。

私も中高時代、けっこういろいろな友達がいましたが、たぶん、要領がいい人というか、世渡りが上手な人と、何をやっても見つかってしまうような人とがいたかもしれません（笑）。

大川裕太　（笑）服が変形するほど盗《ぬす》んだ物を隠《かく》しても、見つからないような人もいるみたいですからね。

大川紫央　でも、私はどちらかというと、もし、そういうことをやるとしても、すぐに見つかっちゃうタイプなんですよね。

大川裕太　ああ、そうなんですか。

大川紫央　そんなに要領よく生きてはいけないタイプなので、慎重に行かないと……。だから、今まで、そのへんは保護する力を強くつけるようにやってきたタイプかもしれません。

大川裕太　「慎重に」ということですね。

大川紫央　でも、慎重に行きすぎると、今度は、仕事などで提案や企画《きかく》がなかなかできないタイプの人間になったりもしてしまうし、どちらかというと秀才《しゅうさい》型の、失点を出さないようなタイプの人間になってしまうので、そのへんはすごく難しいところではありますよね。

大川裕太　なるほど。

「周りの人はどう受け止めるか」という視点で考えてみる

大川紫央　ただ、学校の道徳レベルで言われているような話とか、冒頭《ぼうとう》でも言ったような、情報番組や新聞などで流れているようなものなども、そういうところで参考になる面はあると思います。

この前、総裁先生がリクルートの江副《えぞえ》さんの霊言《れいげん》（『リクルート事件と失われた日本経済20年の謎《なぞ》　江副浩正《ひろまさ》元会長の霊言』〔幸福の科学出版刊〕参照）を出してくださいましたが、そこに、「厳密に言うと犯罪ではなかったとしても、周りの人々の審議《しんぎ》によって犯罪になってしまうものもある」というところが出ていました。

それは一つの大きな問題ではあったけれども、そういう集団心理で犯罪になるところもあるので、やはり、「周りの人々が見て、それを不快に思うかどうか」ということはあるのではないでしょうか。

大川裕太　ああ。

大川紫央　「法律的にだけ」というよりは、周りから見たときに、例えば、ポスターを剥《は》がされたら、やはり不快じゃないですか。

大川裕太　はい、はい。

大川紫央　「その行動を周りの人々が見たときに、どういう不快感を与《あた》えるのか」とか、「逆に、自分がそれをされたときにどう思うのか」とか、そういうことは考えたほうがいいのではないかという感じはします。

大川裕太　意外に、「これは〝愛の思い〟でやった行為《こうい》だから、きっと大《だい》

“パンダ的”ミニ解説

江副《えぞえ》浩正《ひろまさ》氏とリクルート事件

江副《えぞえ》浩正《ひろまさ》氏（1936〜2013）は、リクルートホールディングスを創業した日本の実業家です。東京大学教育学部に在学中、リクルートの前身である大学新聞広告社を設立。進学・就職・転職や不動産、旅行等の情報誌を次々と創刊するとともに、人材派遣や不動産、ITなどの関連事業を展開し、会社を急成長させました。

ところが、1988年、関連会社の未公開株を政治家や財界人、官僚などに配ったことを問題視する報道がなされ、89年に逮捕。2003年に贈賄罪《ぞうわいざい》で有罪判決を受けます。これが世に言う「リクルート事件」です。

大川隆法総裁は、2014年5月9日に江副氏の霊《れい》を招霊して、霊言を収録されました。解説のなかで総裁は、リクルート事件が起きた当時は、「未公開株が賄賂《わいろ》に当たる」という法律はなかったため、法律上、有罪にしたところは間違いであると指摘。また、リクルート事件以降、〝バブル潰《つぶ》し〟の動きが出てきたことから、「リクルート事件が、日本経済の『失われた20年』の発火点の一つになったのではないか」との分析を示されました。

リクルート事件後の株価の急落

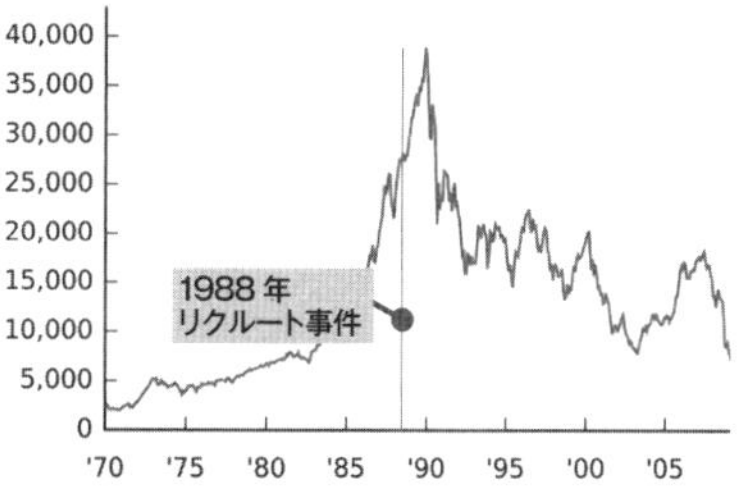

『リクルート事件と
失われた日本経済20年の謎
江副浩正元会長の霊言』
大川隆法 著／
幸福の科学出版

関連書籍：『政治家が、いま、考え、なすべきこととは何か。元・総理　竹下登の霊言』（大川隆法 著／幸福実現党）

丈夫《じょうぶ》だ」とか、仏法真理《ぶっぽうしんり》で考えているつもりで、いけないことをやってしまうこともありうると思うんです。

大川紫央　でも、例えば、ポスターを剝がすようなことをするのは、法律的にだけでなく、仏法真理的にも反していることだと思います。

大川裕太　あくまで例えばの話なのですが（笑）、幸福実現党を支援《しえん》している当会の人が他党のポスターなどを見かけたときに、「これを剝がして、幸福実現党のものに貼り替《か》えたほうが絶対にいい」と思ったとしても（会場笑）、for example《フォー イグザンプル》の話なんですけど……。

大川紫央　そういう人は、たぶん、まだ教学が十分ではなくて、総裁先生の言われていることを理解していないでしょうね。

大川裕太　ああ、そうかもしれません。

大川紫央　教学と言っても、例えば、「愛の教えだけ」とか、自分の好きな範囲《はんい》だけでの勉強の仕方になっていたら、本当の意味では、総裁先生の「戦い方」が分からないかもしれないですね。

大川裕太　はい、そうですよね。

大川紫央　先生の戦い方は、非常に正々堂々《せいせいどうどう》としていて、相手にも意見を言わせたり、相手の主張もしっかりと受け止めて、その上で、意見をおっしゃるような戦い方をされているのではないかと、私は思うので。

大川裕太　はい。

大川紫央　そういうところまで学び取れていれば、「ポスターを剥がしたら……」などと考えたりはしないでしょう（笑）。

大川裕太　そうですね、なるほど。

大川隆法　それは、昔、S会の学生あたりが大量に経験していることかもしれません。

「ポスターをカッターナイフで切っていくぐらいは、別にどうってことない」と思っている人もいるでしょうけれども……。

大川紫央　でも、やられたほうからすると、すごく不快ですものね。

大川裕太　そうですね。はい。

大川紫央　それは、法律という以前に、「他の人がどう感じられるか」ということろは大きいのではないかなと。それに対する不快感が溜《た》まっていくと、たぶん社会的事件に発展して、みんなに糾弾《きゅうだん》されるというか、指摘《してき》されるところになるのだと思います。

大川裕太　なるほど。

Point
「周りの人が不快に感じるか」も判断基準の一つになる。

社会人として知っておくべき「暗黙《あんもく》のルール」を身につける方法

大川裕太　あとは、法律になっていないことでも、社会の暗黙《あんもく》のルールとなっているようなものもありますよね。そのあたりについて、私は、大川隆法総裁からオフレコでけっこう話を聞いたりすることもあるので、そういう社会常識のようなものが入ってきます。

しかし、そういうものをなかなか教わっていなかったりした場合、親御《おやご》さんの教育の関係や、学校等で教わらなかったりしたら、なかなか気づかないこともあると思うんですね。

例えば、学生がアルバイトをするときに、「社会的に見て、ちょっとどうなのか」というような職業を選んでしまうと、就職や結婚《けっこん》のときに意外と響《ひび》いてしまったりすることもあります。実は、「あれ？　こういうのが響くんだ」ということがあるかもしれないですよね。そのほかにも、社会の暗黙のルールのようなものがいろいろとあると思いますが、紫央総裁補佐はどのように教わってきたのでしょうか。

大川紫央　うーん、そうですね。家族や周りの大人たちの言っているようなことを聞いているうちに、だんだん、社会のいろいろなことが入ってくるものですよね。そういう、人から言われるようなところ、耳学問としての部分も、けっこう大事なのではないかなと感じます。

ただ、もし、親御さんなど身近な大人がそういう話をされないのであれば、やはり、先輩《せんぱい》や周りの友達の言っているようなことに、もう少し耳を傾《かたむ》けて、勉強する必要もあるのかなという感じもします。

例えば、少し前だと、テレビアナウンサーに内定した女子大生が、学生時代にしていた夜のアルバイトが問題とされて内定が取り消された、というニュースが話題になっていましたね。その後、提訴《ていそ》して内定の取り消しはなくなったようですけれども、このニュース一つ取ってもいろいろ考える材料になる面はあると思います。

大川裕太　なるほど。

大川紫央　それから、最近、いろいろな職業を描いているドラマも多いので、ある程度、そういうものを観《み》るという手もあります。たくさん観なくてはならないというわけではないのですが。

大川裕太　いろいろなものがありますね。

大川紫央　そうですね。最近は、弁護士系や刑事《けいじ》系のものも多いし、夜の世界のお仕事について取り上げている番組などもありますし、ゴールデンタイムではやっていなくても、深夜枠《わく》でやっているところもありますよね。

そういうものを少し勉強するなりして、学校では教えてくれない、教科書には載《の》っていない、社会の全体的なところに対して、自分でいろいろと〝アンテナ〟を張ってキャッチしていくことは、とても大事なのかなと思います。

大川裕太　なるほど、なるほど。

世渡り術

7

若いうちに知っておきたい「目上の人との接し方」

相手の社会的地位に応じた振《ふ》る舞《ま》いをするには

大川裕太　学生や若者にとって分かりづらいのは、社会における位置づけ、社会的通念や社会的地位等に対する認識のところです。そのあたりについて、一つお訊《き》きしたいと思っていたのが、職業や所得と、社会的地位の関係についてです。

学生から見ると、「こういう職業に就《つ》いている人は、社会的に見て偉《えら》い人なんだ」ということがなかなか分からなかったり、社会的地位が高い人にはどういう接し方をしたらいいのかが分からなかったりすることがあると思います。

例えば、医者はインテリで、社会的地位が非常に高いと言われている。公務員の社会的地位がどこまで高いのかは種類にもよるが、そのなかでも官僚《かんりょう》というのは社会的地位が高い。あるいは、新聞記者は世論《せろん》を動かしている。

大川紫央　はい。

大川裕太　こういう、社会的地位の高低といったものが、学生にはちょっと分かりづらいところがあります。

その結果、例えば、当会のなかでも、信者同士とか法友《ほうゆう》同士、あるいは親の知り合いだと思って、実は社会的地位がだいぶ上の相手に対しても友達や先輩のように振《ふ》る舞《ま》ってしまったりすると、顰蹙《ひんしゅく》を買うこともあり、気をつけなければいけないところがあると思います。

また、献本《けんぽん》をする際にも、相手の方は、実は大先生なのに、ちょっと失礼な献本の仕方をしてしまったりということもあるかもしれません。

そこで、「社会的身分のわきまえ方」や「社会的地位の見抜《みぬ》き方」というような人生学があれば、ぜひ伺《うかが》いたいと思います。

大川紫央　宗教のなかにいると、「世間《せけん》から少し距離《きょり》を置きたい」というふうに思ってしまうところもあるのですけれども、逆に言えば、人々の悩《なや》みを救わなければいけないがゆえに、ある程度、社会についていろいろと知っておかなければいけない面もあります。

単に、「これは悪霊波動《あくれいはどう》だ」とか「世の中は汚《きたな》い」というような感じで避《さ》けるのではなくて、やはり「知る」ということも、とても大事なことなのかなと私は思っています。

大川裕太　はい。

大川紫央　確かに、学生のときには、周りの人や先輩《せんぱい》などから情報を入手しないかぎり、分からないところもありました。

こういうものは、社会のなかにはたくさんあるので、先ほどのものと同じになってしまうのですけれども、「アンテナを張る」ということが大きいかなと思いますね。

あとは、社会に出てから自分でいろいろと経験をして、知っていかなければ見えてこないところもたくさんあります。

大川裕太　うーん。

大川紫央　ただ、幸福の科学の信者さんのなかにいるときには、社会的地位などをあまり気にしすぎるのも、ちょっとどうなのかなと、個人的には思うところもあります。

それでも、成功されている方には、やはり、その方が努力されていることなど、いろいろと学び取れることがあると思うのです。肩書《かたがき》だけで接し方を変えるというよりも、そういうところへの尊敬の思いを常に持っておけば、どんな方がお相手だったとしても、知らなかったとしても、きちんとした対応を取れるのではないかと思います。ここも、ポイントとしては一つあるのではないでしょうか。

大川裕太　はい、そうですね。

大川紫央　ただ、当会の人が、社会に対して献本活動をしたり、どなたかとお会いさせていただいたりするときには、やはりきちんと「世間解《せけんげ》」（世の中の道理や社会のあり方に対する深い理解）を持って接しないと、大川隆法総裁の顔に泥《どろ》を塗《ぬ》るようなこともありうるので、そのへんについては、しっかり社会勉強をしなければいけないのではないかと思います。

Point

相手の「肩書《かたがき》」ではなく、
相手の努力や実績に「尊敬」の思いを持つ。

年齢《ねんれい》が上の人からも下の人からも反発《はんぱつ》されない秘訣《ひけつ》

大川裕太　法臘《ほうろう》（入信後の修行《しゅぎょう》年数）が長い方と短い方とでは、ある程度、仏法真理《ぶっぽうしんり》知識における上下関係はあると思うのですが、例えば、自分が長く信者を務めていたとしても、法臘歴がそれほど長くはないが、職業や肩書的にはずっと上だと思われる方がいたときにどうするかです。社会における活躍《かつやく》の度合いが全然違《ちが》う方に対し、単に「自分の法臘のほうが長いから」と、上から目線で教えを説いていいものなのかというと、ちょっと微妙《びみょう》なところがあるかなと思うんですよね。

大川紫央　うーん。

大川裕太　「こちらのほうが仏法真理を知っている」という感じでやってしまったりすると、相手の年数が短いから認識力が狭《せま》いかといえば、必ずしもそういうわけではないときもあると思うのです。そういう方のほうが社会に関する認識力が大きかったりして、アドバイスをする際にも、相手のほうが知っていたりすることもあります。

これは、もしかしたら、当会の職員が外部の人と接するときなどにもあることかもしれませんが、こういう関係において、相手への上手な接し方というものは何かありますか。

大川紫央　それはたぶん、今まで大川隆法総裁がされてきたことでもあ

 りますね。
当会は宗教であり、人生全般《ぜんぱん》にかかわるものなので、聴衆《ちょうしゅう》には非常に年上の方からゼロ歳《さい》児の赤ちゃん、幼い子まで、かつ、さまざまな職業をお持ちのたくさんの方がいるなかで、先生は教えを広めてきておられます。

大川裕太　はい。

大川紫央　年上の方であっても、総裁先生の教えを聴《き》こうと思う理由はどこかというと、もちろん、一つに「悟《さと》りの高さ」というのは、みなさんが感じていることではあるのですけれども、姿勢として「傲慢《ごうまん》さがない」というところも一つあるのではないでしょうか。私はそう感じます。
そして、意見や質問を聴く際も、年齢《ねんれい》に関係なく誰《だれ》に対しても、たと

え若者であったとしても意見を聴こうという態度を取ってくださってい
るし、基本的に、バカにしていないというか、下に見ていないという姿
勢で一貫《いっかん》されています。
そこが、年齢を問わず、反発《はんぱつ》をされずに教えを説かれているポイント
なのかなと思わせていただいています。

大川裕太　そうですね。

大川紫央　やはり、相手と接しているときや、お話を聞いているときに、
「上から目線で言っているな」とか、すごく偉そうな感じに見えたりとか、
きっと、みなさんが肌《はだ》で感じるものはあると思うんです。

大川裕太　はい、はい。

大川紫央　そういうところではなく、本当に自分の悟った部分、「自分がみなさんにお伝えできるようなところをお伝えする」という姿勢であれば、年上の方や、社会的地位が上の方であっても聞いてくださるところもあるのかなと思います。
そのように、人に対するときの精神的な態度というのはあるのではないでしょうか。

大川裕太　なるほど。ありがとうございます。

大川紫央　大川隆法総裁の態度……、「態度」と言ったら失礼かもしれないのですが、人に対する接し方というのは、役職などがおありの方に対しては、もちろん、社会的にきちんと振る舞われるのですけれども、根底において、人をバカにしていないというところと、対等にお話をしてくださるというところは、本当にすごいなと思います。
おそらく、私などもいろいろと至らないところなどもたくさんあるのでしょうが、そういうところではなくて、存在を肯定《こうてい》して話を聞いてくださる感じでしょうか。年齢や立場を超《こ》えて、「もし、何かそこで聞くべきものがあれば聞いてくださる」というところは、本当にすごいことだと思うんです。

大川裕太　なるほど。そうですね。

Point
誰に対しても「上から目線」にならず、相手の意見に耳を傾《かたむ》ける姿勢が大事。

現実的な職業選択《せんたく》をするために必要なこと

大川裕太　そのことに少し関連するかもしれませんが、学生を見ていると、社会の仕組みについての知識のところが浅いと、将来の職業の選択《せんたく》のときに、現実味がない将来というか、堅実《けんじつ》ではない未来を選んでしまうことがしばしばあるのかなと思います。

当会のなかでは学歴無用論のようなものもあったりするのですが、そうは言っても、「職種によって、どういう学歴が通用するのか」というものはあると思います。

例えば、理系でかなり最先端《さいせんたん》のことを研究したいのであれば、その研究分野がいちばん進んでいる大学に行かなければいけないのに、そういう認識がなくて、単に、「学部さえそのような系統であれば、大丈夫《だいじょうぶ》なのではないか」と思ってしまったりするようなことも聞いています。

また、社会における学歴の扱《あつか》いや、あるいは学歴だけではなくて、職業柄《がら》にも関係するかもしれませんが、「自分の学歴や学部、キャリアであれば、平均的に見て、どのような会社に雇《やと》ってもらえて、会社や社会のなかで出世できるのは最終的にどの程度なのか。あるいは、最高収入はどのくらいなのか」ということもあるでしょう。

そのような、「社会的通念として、だいたいどの程度なのか」ということは、目の肥《こ》えた大人の方から見れば、多少アドバイスができることだと思うのです。

ところが、アドバイスをしてくれる人が身近にいないと、やや誇大妄《こだいもう》想的《そう》に、「いい会社に就職できなかったら、すぐに起業して会社をつくる」というような感じで判断してしまう学生もいるのではないかと思います。

このへんはとても難しいし、能力を限定するわけではないので、あまりはっきりとも言えないのですが、大学生くらいになってくると、そこそこの人生計画が見えてくると思うのです。

例えば、起業するに際しても、「ここまで行けば、自分としてはまあ、まずまずの成功だ」という地点を見極めるために、「ある程度、社会的に見て、あなたの着地点はこのくらいじゃないの?」というようなものが参考になるかもしれませんから、一意見でもよいので、学生が、客観的な自己認識を得るためのツールや秘訣《ひけつ》のようなものがあれば、教えていただきたいと思います。

大川紫央　まあ、そのあたりは自分で努力して調べるとかしないと、分からないかもしれないですね。

大川裕太　「先輩がどういうところに行っているか」とかですか。

大川紫央　そう、そう、そう、そう。大学を選ぶときにも、「その大学の卒業生が、主にどういうところに就職したりするのか」というのは、調べれば資料としてけっこう出てくるものです。

やはり、そういうことは、自分でしっかり調べるような習性を徐々《じょじょ》に持つようにしないと、おそらく仕事をする上でも、楽観主義だけで行ってしまって、ミスをして他人《ひと》に迷惑《めいわく》をかけてしまうところもあるのではないでしょうか。

確かに、少し面倒《めんどう》ですが、そこは自分で調べたりして、やらなければいけない面はあると思いますね。

学校では教わらない〝暗黙《あんもく》ルール〟
「社会的ステータス」のルール

日本には、目に見えない〝カースト〟が張り巡《めぐ》らされている

大川隆法　何か申し上げましょうか。

大川裕太　はい。お願いします。

大川隆法　そこは、非常に難しいところですよね。明治以降、日本は四《し》民平等《みんびょうどう》で、いちおう誰もが平等になっているのですけれども。

まあ、インドのように、はっきりと目に見えるカーストがあるところ

“パンダ的”用語解説

カースト

古代からあるインドにおける身分制度で、「バラモン(祭司階級)」「クシャトリヤ(貴族・武人階級)」「ヴァイシャ(商人階級)」「シュードラ(奴隷《どれい》・労働者階級)」の4つの「バルナ(種姓)」と、その下に置かれる“アンタッチャブル(不可触民)”の層に分けられます。

さらに、それぞれのバルナは職業的な世襲《せしゅう》階級である「ジャーティ」に細分化され、ジャーティの数は2000〜3000にも上るとか。あるジャーティの親の元に生まれた子供は、親と同じ職業に就《つ》かなくてはならず、結婚も同じ階級か、近い階級同士で行われてきました。現在では、法律でカースト制度は禁止されていますが、民間レベルの風習としては根強く残っているのが現状です。

お釈迦《しゃか》様は、当時、このカースト制度を否定され、「生まれにおいて、シュードラなどの下層階級の人であっても、あるいはヴァイシャという商人階級であっても、心が信仰に燃えて、宗教生活を送れば、すでにバラモンである」と説かれました。幸福の科学でも、生まれに関係なく、「チャンスの平等」が与えられるべきであると考えています。

関連書籍:『「人間学概論」講義』『信仰告白の時代』
(ともに大川隆法 著/幸福の科学出版)

では、カーストが違えば、ご飯《はん》も一緒《いっしょ》に食べられないし、結婚《けっこん》もできないし、トイレも一緒に使いたくないということもあるわけです。あるいは、アメリカも最近まで、黒人への差別で、「同じバスには乗らない」「同じ学校には行かない」ということもありました。

そのように、カーストがはっきりしているところもあります。

もちろん、日本には、いちおう「ない」ということにはなっているのですが、目に見えない細《こま》かい〝カースト〟がたくさんあるんですよ。それぞれの住む場所や職場によっても〝カースト〟がたくさんあります。それが蜘蛛《くも》の糸《いと》のように張り巡《めぐ》らされていて、引っ掛《か》かると〝転ぶ〟ようになっているのですが、分からないことは多いですね。

ただ、公立の小中学校には、そういうものは関係がないようです。そういう意味で、意外にそこに行った人たちは、親の職業に関係なく付き合っているところがあるので、「世の中のことが分かる」という説もあるのです。

ところが、エリート校といわれるような、進学校で中高一貫校に行った人たちは、同質のところにいすぎて、逆にカーストが分からないわけです。「みな、これが平均だ」と思っているようなところがあって、「どのあたりにいるのかが分からないことがある」ということはよく言われていますね。

それから先ほど、「医者や弁護士になれば、だいたい上場企業《きぎょう》の部長ぐらいの出世だ」と述べましたが、彼らのなかでもランキングがあって、いい病院、要するに、「出世した」と思われる病院と、そうではない病院があったり、一流弁護士事務所と、そうではないところとがあったりするのです。

やはり、それぞれの経歴や成績によって振り分けられていくようなところがあるので、外の人は知りませんが、仲間内ではそういう見方をしていますね。

例えば、病院でも一流の病院になると、やたらと東大医学部を卒業した人が集まっているところもあります。技術的に優《すぐ》れているかどうかは分かりませんが（笑）、彼らは医者なのに、日経新聞や「東洋経済」、「エコノミスト」などを読んでいるのです。

それらは待合室にたくさん置いてありますので、暇《ひま》な時間に読んでいるのでしょうが、彼らがなぜそれらを読んでいるのかというと、病院に来る客筋《きゃくすじ》を知るためなのです。「どのような会社の社長が来たか。部長が来たか」というように、客によっていろいろな役職があるので、対応をどう変えるかを判断しなければいけないわけですね。

やはり、会社の名前も知らなかったら、医者でも扱い方が分かりません。「この人は特別に扱わないといけない」とか、「個室にすべきだ」とかいう判断をしなければいけないので、そのあたりを知っておく必要があるのです。だから、医者なのに日経新聞を読んだりしているのです。

そのように、「少し偉さに違いがある」ということは、知っておいたほうがよいでしょう。

「才能」や「収入」で社会的に認められることもある

大川隆法　また、職業に対してもいろいろな見方があります。一般的には、「職業全体として、上に見ているか、下に見ているか」というのはあるけれども、才能が特にきらめくような場合、職業の上下とは別に認められることもあるんですね。
例えば、最近、大相撲《おおずもう》で優勝した日本人力士（琴奨菊《ことしょうぎく》）がいました。彼は、「日本人の優勝は十年ぐらいなかった」とか、「横綱《よこづな》になってくれるといいな」とか言われていますが、お相撲さんになる人でプロになるのは、だいたい中卒か高卒ぐらいでしょう。

ところが、奥《おく》さんは美人で大卒の、スポーツキャスターにでもなれそうな人だったりしますよね。そういう傾向《けいこう》が多いかもしれませんが、奥さんのほうは大卒で、女将《おかみ》さんとしていろいろな人に対応できて、仕切ってくれるような女性と結婚しているわけです。これは、一般社会ではあまり成り立たないのですが、そういう社会では成り立っていますね。

あるいは、ほかのスポーツ選手でも同じことが起きています。

例えば、プロ野球でも、甲子園《こうしえん》で活躍したような人が、ドラフト一位や二位で指名されて入団し、活躍して数千万、数億円の収入を持つようになると、テレビ朝日とか、日本テレビとかで活躍しているような女子アナと結婚したりすることもあります。

サラリーマンでは、そのように、「大卒の女性」と「中卒、高卒の男性」との結婚はなかなか成り立たないけれども、そういった異能の世界であれば、成り立つことはあるわけです。これも一つの常識でしょうね。

あるいは、アメリカ的に言えば、学歴以外にも「収入で偉さを見る」というのが一つあります。「収入が多くなれば話は別で、叩《たた》き上げで上がった人も偉い」という考えがありますね。

例えば、今、日本では田中角栄《たなかかくえい》ブームがまた起きつつありますが、彼は高等小学校卒で総理になった人です。会社の社長も務めて収入もつくっていましたが、勉強もずいぶんしたのでしょう。そして、自分よりも高学歴の人を使いました。

松下幸之助《まつしたこうのすけ》（1894-1989）

松下電器産業（現パナソニック）の創業者。丁稚奉公《でっちぼうこう》から身を起こして日本を代表する企業を育てた、「経営の神様」と呼ばれる名経営者です。PHP研究所や松下政経塾の創立者でもあります。幸福の科学で霊言が収録されており、**『松下幸之助 日本を叱る』『松下幸之助「事業成功の秘訣」を語る』**（ともに幸福の科学出版）などに収録されています。

田中角栄《たなかかくえい》（1918-1993）

新潟県出身の政治家。第64・65代内閣総理大臣。「日本列島改造論」を掲げ、54歳の若さで首相に就任し、「日中国交正常化」などを果たしました。高等教育を受けていないにもかかわらず首相まで上り詰めたことから、「今太閤《いまたいこう》」と呼ばれたそうです。幸福の科学で霊言が収録されており、**『救国の秘策』『景気回復法』**（ともに幸福の科学出版）に収録されています。

また、松下幸之助《まつしたこうのすけ》さんも自分より高学歴の人を使っていましたが、「そういうところがかえって偉い」と見られる場合もあるわけです。

ところが、「成り上がりだ」という言い方で貶《おとし》める勢力も出てくる場合もあるので、このあたりの価値はなかなか定まらないところがありますね。

いずれにせよ、職業や会社などによって、ある程度、上下がある場合もありますが、なかには個人的な才能によって評価が違ったり、収入がずいぶん違うために、別の評価があったりするということです。

「宗教」にも社会的な格付けの違《ちが》いがある

大川隆法　もちろん、「霞《かすみ》が関《せき》に勤めているような役人や、丸の内の一流会社に勤めている会社員のほうが、浅草《あさくさ》の芸人より偉い」というのが一般的な判断でしょう。

しかし、それでも芸を極《きわ》めてくると、彼らもだんだんに勲章《くんしょう》をもらっ

たりするようになります。落語家《らくごか》でも漫才師《まんざいし》でも、歌手でも、俳優でも、

何でもそうですよね。

つまり、一定のレベルを超《こ》えて、競争の世界から頭一つ抜けてくると、

「普通《ふつう》ではありえない世界に〝ジャンプ〟する」場合があるわけです。そ

のあたりは知らなければいけないでしょうね。

ちなみに、われわれ宗教に身を置く者でも、一般に言えばいろいろあ

ります。伝統宗教と新宗教にも違《ちが》いがあるのです。

例えば、伝統宗教である浄土真宗《じょうどしんしゅう》のような大きなところになってくる

と、皇室の女王様たちが嫁入《よめい》りする場合に使われたりします。あるいは、

出雲《いずも》大社に嫁《とつ》がれたりもしていましたよね。

そのように、ある程度、貴族に近い、旧華族《かぞく》風の扱いを受けていると

ころもあるわけです。

一方、新宗教は、一般にはマスコミにからかわれる材料になって、低

く見られることも多いのですが、一定以上、規模が大きくなったり、社会的評価が高まったりしてくると、また扱いが違ってくるようになりますね。

やはり、新宗教のなかでも競争はあって、格の違いはあります。これは目に見えない格ですよね。

大川裕太　はい。

大川隆法　一九八〇年代以降に起こった宗教はたくさんありますが、ずっと三十年間、競争をやってくると、マスコミも、幸福の科学とほかの教団との格の差というのを、意外に、はっきりとつかんでいます。普通は私たちが身構えるマスコミの人のほうが、よく知っているんですよ。

例えば、二〇〇九年に幸福実現党立党の記者会見を開いたのですが、会見にはマスコミの人たちがだいぶ前から来て座《すわ》っていて、ソワソワしていました。その様子を、当会の信者で、元・日本テレビキャスターだった方が見て、「これは皇室の記者会見の緊張感《きんちょう》です。彼らは敵意を持っているのではなく、実は緊張してソワソワしているんです」というようなことを言っていました。

やはり、宗教も偉くなると、普通は会えない皇室とか、あるいはバチカン系のようになってくるのでしょう。

ちなみに、渡部昇一《わたなべしょういち》さんも、「ある程度、社会的にも偉くなった人が、次に自慢話《じまんばなし》で話すのは、『高僧《こうそう》や地位の高い聖職者と食事を共にしたことがある』ということです。これが一種のステータスになることもあるわけです」というようなことを述べていたと思います。

そういうこともあって、何か書いたものがあるわけではないにしても、「社会的評価の判断は、網《あみ》の目のように、微妙にある」ということですね。

それを知っていなければいけないでしょう。

大川裕太　はい。

大川隆法　結局のところ、「社会的、全体的に見て、どの程度、評価されているか。尊敬されているか」という感じで見られることが多いということです。

大川裕太　ありがとうございます。

Point

「社会的ステータス」のルール

日本には、家柄や学歴、職業による、目に見えない〝カースト〟が張り巡《めぐ》らされている。スポーツ選手や政治家、企業家などは、成功すると、学歴に関係なく評価されることがある。

宗教も一定の規模になると、皇室やバチカンのような扱いをされるようになる。

世渡り術

8

新聞・雑誌・インターネットの情報はどこまで信じられる？

新聞・テレビ・雑誌・インターネット情報の信憑《しんぴょう》性の違《ちが》い

大川裕太　今、大川隆法総裁先生がおっしゃった「社会的な評価」ということに関連して、最後にお訊《き》きしたいと思います。

学生や若者は、「マスコミというのは、実社会において、どのような意義や影響力《えいきょうりょく》を持っているものなのか。その実態がつかめない」という状況に置かれていることが多いと思います。

また、新聞やテレビであれば、みんな見ていますが、例えば、「週刊誌というのは、社会において、どういう意味を持っているのかが分からない」ということもあるかもしれません。

あるいは、新聞などのマスコミ報道のなかには、「社会の常識だ」と思って、ある程度、受け入れて参考にしたほうがよいものと、「その報道姿勢は間違《まちが》っている。その価値観は駄目《だめ》だ」というように、当会の教えでパシッと断じているものがあると思うのですが、その区別の基準が分からないということもあるかもしれません。

もちろん、学生も、左翼《さよく》か右翼かぐらいの区別はついて、「朝日新聞は左翼だ」というような認識はあるようです。

ただ、総裁先生は、マスコミの意見をある程度尊重《そんちょう》しつつも、部分的には批判を加え、「実は、社会には、マスコミの発信よりも高度な価値観があるのだ」というような認識を示されていると思うんですね。これは、総裁先生のご著書等を読んでいると分かるのですが、そのあたりを学生に、どのように説明していけばよいのでしょうか。

例えば、インターネットに流されてしまう学生も多いと思うのですが、「インターネット上の価値観」というのは、匿名《とくめい》の人が発信しているものですよね。ところが、中高生等には、「インターネット上の噂《うわさ》は、とにかく正しいものだ」と思ってしまう人がけっこう多くいます。

もちろん、彼らも、もう少し大人になって、人格が練《ね》れてくると、そういうインターネットの情報よりも、新聞や雑誌など、紙の媒体《ばいたい》できちんと商売をしているマスコミのほうが、信憑《しんぴょう》性や見識はある程度上で、宗教に対する見方や報道の仕方などについても、「インターネットに比べると、きちんと社会的信用度等をチェックした上での見方をしている」という違《ちが》いが分かるとは思うんです。

ところが、若者は、まだそのへんが分からなかったり、「インターネットの情報が、社会の多数派の意見なのではないか」と思ってしまうことが多いと思います。

マスコミは実社会で、どのような影響力《えいきょうりょく》を持っているのか

大川裕太　あるいは、マスコミに批判されているときに気をつけないといけない点もあると思います。

例えば、先年、小保方晴子《おぼかたはるこ》さんがマスコミに批判されましたけれども、先日（二〇一六年二月二日）、総裁先生が「カントの新霊言《れいげん》」を収録された際に、カントの霊は、「これは、理系の秀才《しゅうさい》が、文系的な身の振《ふ》る舞《ま》い方をわきまえていなかったために起きたことでしょう」というようなお話をされていました（『公開霊言　カントなら現代の難問にどんな答えをだすのか？』（幸福の科学出版刊）参照）。

これは、「自分の社会的知名度が上がってきたときに、マスコミから自分がどう見られているのかが分からなかったり、どういう〝ボディーブロー〟がやって来るのかが分からなかった」ということでもあるのかなと思うのです。

そこで、「マスコミというのは、いったいどういうもので、社会において、どのような意味、あるいは、どのような影響《えいきょう》

Book

『公開霊言　カントなら現代の難問にどんな答えをだすのか?』
大川隆法 著／幸福の科学出版

「アメリカ大統領選のゆくえ」「STAP騒動と科学の未来」「イスラム国の今後の動向」など、世界が抱える難問をどう解決する？ ドイツ観念論哲学の祖である知的巨人カントに聞いた、7つの質疑応答集。

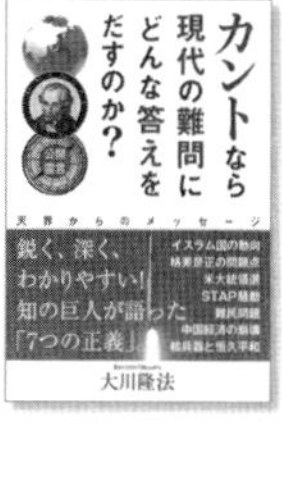

小《お》保《ぼ》方《かた》晴《はる》子《こ》氏とSTAP騒動

2014年1月、理化学研究所（理研）の小《お》保《ぼ》方《かた》晴《はる》子《こ》氏らが記者会見を開き、生物学の常識をくつがえす「STAP細胞」の研究成果を発表。英「ネイチャー」誌に論文が掲載されました。しかし、その直後から、論文の不正疑惑やSTAP細胞の存在を疑問視する声が相次ぎ、理研は調査と検証実験を開始。7月には、「ネイチャー」誌が論文を撤回しました。12月、小保方氏は理研を退職。理研は「STAP細胞はES細胞などの混入であった可能性が高い」として調査終了を発表しました。

その後、ES細胞の窃盗《せっとう》疑惑までかけられた小保方氏ですが、2016年1月、騒動の経緯と自《みずか》らの心情を綴《つづ》った手記『あの日』を出版。改めて、自身の潔白《けっぱく》とSTAP細胞が存在する可能性を訴《うった》えています。

『あの日』
小保方晴子 著／講談社

大川隆法総裁は、2014年4月8日と2015年6月18日の2回に渡り、小保方晴子氏の守護霊霊言を収録。「STAP騒動」にまつわる衝撃の事実が明かされました。

（左）『小保方晴子さん守護霊インタビュー それでも「STAP細胞」は存在する』
（右）『小保方晴子博士守護霊インタビュー――STAP細胞の真偽を再検証する――』
（ともに大川隆法 著／幸福の科学出版）

力《りょく》を持つものなのか」ということについて、もし、学生に分かりやすく伝えられることがあれば、教えていただければと思います。

「週刊誌」や「インターネット」の情報をどう見るか

大川紫央　マスコミといっても、新聞とテレビとでは違いますし、週刊誌も、また少しタイプが違うのかなというようには思いますね。

もちろん、インターネットもまた違うタイプではあるのですけれども、信憑性という点では、週刊誌とインターネットはお互《たが》いに〝グレーゾーン〟が残るところも多いのかなと、個人的には見ています。

例えば、週刊誌の記事には、本当に疑惑《ぎわく》が追及《ついきゅう》されていて、それが当たっている場合と、週刊誌側の意図的なもので、捏造《ねつぞう》されているような場合があると思うんです。

だから、芸能人などにも、「複数で歩いてはいたけど、けっこう、写真が故意に切り取られていて、二人で恋人《こいびと》のように歩いているように見えている」と言っている人もいますよね。

そういう意味で、週刊誌というのは、すごくグレーゾーンのものだと思うのですが、一方では、「世の中で、実際に大臣のクビが飛ぶぐらいの影響力を持つものである」ということも知っておかなければいけないと思うんです。

それから、週刊誌が記事にする人というのは、公人ですよね。たくさんの人に影響を与《あた》えるような立ち位置にある人がメインにされています。やはり、私人だと「プライバシー権」とか、「名誉毀損《めいよきそん》」とか、いろいろあるので、そこは週刊誌もうまく狙《ねら》ってはいて、政治家や芸能人など、みんなが知っているような人など、公人扱《あつか》いをされる人が扱われてはいるわけです。

ところが、インターネットの世界になると、また話は違って、もっと個人レベルになります。学校のいじめなども最近は絡《から》んでくるぐらいのレベルのものなので、そのへんについては、違う原理が働いているところがあると思うんです。

やはり、インターネットの情報というのは、発信者があまり分からないようなところがあるので、それを鵜呑《うの》みにするのは違うと思いますね。ただ、そのあたりの人が、「〝正義〟の判断は自分たちが下《くだ》しているのだ」というような思いで、週刊誌を出したり、インターネットに書き込《こ》みをしたりしている面もあるんでしょう。

こうしたことを前提としつつも、「週刊誌やインターネットというのも、影響力がすごくある面もあるのだ」というところは、そのとおりだと思います。

ただし、「はたして、その価値観が善なのかどうかは、また別問題である」というところも、しっかり認識しておかないと、その情報に振り回されるだけになってしまいますよね。そこは気をつけないと、悪魔《あくま》の罠《わな》にはまってしまうこともあります。

Point

週刊誌やインターネットの情報には、〝グレーゾーン〟が含《ふく》まれている。

「マスコミが追及《ついきゅう》するポイント」から分かること

大川紫央　それから、「マスコミとの距離《きょり》の取り方」についてでしたね。

大川裕太　そうです。「マスコミに対する心理的態度」といいますか、これを完全に拒絶《きょぜつ》してしまってよいのかどうかというところです。けっこう、そういう人は当会のサンガ（教団）にも多いとは思います。

ただ、一方で、新聞やテレビなどは、偏向《へんこう》はしているかもしれないけれども、例えば、朝日新聞などでも、そうは言っても、当会のことを「インテリ宗教」だと思って、主義・主張をある程度受け入れてくれているというか、フェアに扱ってくれているところもあったりするのかなと思うのです。

宗教者ではあるけれども、社会の評価なども意識することができる世《せ》間《けん》解《げ》のある人間として、そうしたマスコミに対して取るべき心理的な態度というか、うまい距離の取り方のようなものがあれば、教えていただきたいと思います。

大川紫央　やはり、見ていると、そうした週刊誌などが疑惑を追及《ついきゅう》するポイントには、ある程度、ルールというか、だいたいの枠組《わくぐ》みがあるようなところもあるのかなと思うんですよね。

例えば、お金のところや男女関係のところなど、〝色《いろ》・欲《よく》・金《かね》〟と言われるルールがあって、それに引っ掛《か》かった場合に追及されているのかなというようには、見ていて思います。

ただ、それについては、嫉妬《しっと》の原理も働いてはいるでしょうね。

大川裕太　そうですね。

大川紫央　それと、確かに、「世間からどう見られているか」というようなポイントが入っている面もあるので、「たとえ、その判断が正しくなかったとしても、そういう捉《とら》え方をされる場合があるんだな」というところを知っておくことが、自分の身を護《まも》る方法の一つにもなるのではないでしょうか。

大川裕太　マスコミというのは、「自分を攻撃《こうげき》してくるもの」というだけではなくて、柔道の「柔《やわら》」ではないですけれども、「相手がどういう目で自分を見ているのか」ということを知って、勉強をしたほうがよいということですね。

大川紫央　そう、そう。おそらく、役職が上になったりして、公人になっていくと、「こういうものだ」と勝手に思われている理想の姿があるのでしょう。そのため、それに反し始めると、だんだん追及したくなるところというか、隙《すき》が出てくるところがあるのではないでしょうか。

ただ、そのへんをどう見極《みきわ》めるかは、まだ学生だとけっこう難しいですよね。

大川裕太　そうですね。

また、「マスコミの見切り方」もけっこう大事だと思うんです。

例えば、インターネットや週刊誌に出た情報は、絶対だと思ってしまう若者も多いと思います。宗教に対する偏向報道についても、「社会的にこういう評判になってしまったんだ」と感じる人も多いようです。

しかし、ある程度教養を持つ大人になってくると、「そういうものは、しょせん、匿名《とくめい》の、さして社会的信用のない人間の発している情報である」という「見切り」がつくようになりますし、あるいは、少しインテリの人からすると、「著者の社会的影響力や知名度などから判定して、こうしたインターネットや週刊誌の情報は、しょせん二流記事モノであって、信憑性に足りない」というような「見切り」がつくと思うのです。

ところが、そのへんが分からないと、インターネットや週刊誌に出た情報が、まるで社会全体の認識か何かのように考えてしまうこともあったりして難しいですよね。

大川紫央　そうですね。おそらく、実際に、週刊誌を毎週買って読んでいる人というのは、それほど多くないだろうとは思うのですけれども。

大川裕太　はい。

Point

「マスコミが追及《ついきゅう》するポイント」を見ると、「世間の人が嫉妬《しっと》するポイント」が分かる。

さまざまなマスコミの「信頼《しんらい》度」を比較《ひかく》する

大川隆法　まあ、これは、一般《いっぱん》的に調査してもそうなるのですけれども、週刊誌のクレディビリティー（信用度）というのは「五十パーセント」と出ています。「書いていることの半分ぐらいは当たっているが、半分は間違っている」というのが、日本国民の捉え方なのです。

ですから、インターネットになると、それよりも、もう一段、精度は落ちるでしょう。

大川裕太　そうですね。

大川隆法　もちろん、それは記事の内容にもよるでしょうが、信用度は「五十パーセントより下で、ゼロパーセント～五十パーセント以上」のどこかであろうと思います。そのへんは特徴《とくちょう》があるので、知っておいたほうがよいでしょうね。

ちなみに、大手新聞ぐらいになると、クレディビリティーは、だいたい六、七十パーセント、三分の二ぐらいは合っているのかなと見ています。ただ、全部は信じていません。

また、在京の大手テレビ局の報道、要するに、報道枠などで放映しているようなものは、同じく六、七十パーセントぐらいかなと見ています。もっとも、ワイドショーネタになると、おそらく、週刊誌と同じく五十パーセントぐらいの信頼度《しんらい》になるだろうと思うのです。

「マスコミの報道が正しいかどうか」を見分ける方法

大川隆法　なお、以前より、私は、「マスコミの言っていることが正しいか正しくないか、偏向しているかどうかを見分けようと思ったら、雑本《ざっぽん》ではない、きちんとした本を千冊ぐらい読みなさい」と述べています。

千冊ぐらい読んだあたりから、「これは少しおかしいんじゃないか」「間違っているんじゃないか」というようなことが、よく分かるようになってきます。彼らも、その程度しか読んでいなくて、あとは耳と足で稼《かせ》いだもの、少し調べたもので書いたり、話したりしていることが多いのです。

実は、そうしたマスコミの上流にあるものが「学問」なんですね。彼らもだいたい、分からないことがあったら、専門の学者のところに聞きに行って、それを参考にして意見を書いているので、上流にあるのは学問なのです。

したがって、マスコミより上の判断をしようとしたら、やはり、その対象領域について、学者がしているぐらいの勉強に入っていれば、判断ができるようにはなっていきます。

そういうわけで、私などが発信している情報は、だいたい、「週刊誌の編集長や大手紙のデスクなどがどう判断したか」「これを、こう判断したな。このように書けと指示したな」というあたりまでは見通しているし、「会社の生き残り作戦として、このような経営方針を立ててやっている」というあたりまでの見通しは立てているのです。

マスコミには「権力者を牽制《けんせい》する」という役割もある

大川隆法　ただ、彼らに同情するところがあるとすれば、「民主主義は平等と自由を含《ふく》んでいるけれども、その平等性のなかには、『突出《とっしゅつ》したものや人からほめられたりしているものに正当ではないものがあったら、それを引っ剝《ば》がして、普通《ふつう》の人と一緒《いっしょ》にする』」という動きがあることです。

要するに、「悪の部分を明らかにする」というところがあるわけです。

そのため、彼らは権力者に対しては非常に強いですよね。

また、自由の面においても、彼らには、いろいろと書いたり、発表したりする自由があって、やはり、権力者を牽制《けんせい》できます。権力者が独裁者になってしまったら、今度は、みんなが悪のなかに置かれ、檻《おり》のなかに入れられてしまうので、「権力者を牽制する」という意味で、権力者を大きくしないために、いろいろと調べているのです。

ただ、当会のように、マインド・リーディングを行う場合もあるけれども、普通は心のなかは分からないので、要するに、行動によって判定し、行動を報道するわけですね。

例えば、ある週刊誌が、「元国会議員の未亡人が、『主人のために頑張《がんば》ります』と言って、後《あと》を継《つ》いで立候補し、当選したけれども、夜中に六《ろっ》本木《ぼんぎ》ヒルズの横の路上で、議員同士で〝路チュー〟をしていた」というような記事を載《の》せたとします。これは、読者に、「さあ、この人の心はどうでしょうか。議員にふさわしいでしょうか。お考えください」というような問いかけをしているわけですね。

そのように、行動を捉えることはできるので、相手が公人ともなれば、「その行動から判定して、この人はどういう人なのでしょうか。ご想像ください」というように、情報提供をする意味はあるかもしれません。

「上げて、落とす」を繰《く》り返す、マスコミの儲《もう》け方

大川隆法　それと、もう一つ知らなくてはいけないのは、「みんな、マスコミを利用しようと思っている」ということです。マスコミは、商売にも利用できるし、出世にも利用できるので、みんな「利用したい」という気持ちを持っているのです。

ただ、向こうは、利用される場合もあるけれども、利用されたら、きちんと〝お駄賃《だちん》〟を要求してくるところがあります。

例えば、マスコミでも〝賢《かしこ》い〟人になると、「いろいろとほめ称《たた》えて、グーッと虚像《きょぞう》を大きく膨《ふく》らませておいて、そのあと一斉《いっせい》にバッシングを始め、二回儲《もう》ける」という手をよく使いますね。「大きくしていくことで儲け、次は叩《たた》き落とすことで儲けよう」という〝二回儲け〟ができるのです。

小保方晴子さんなどに対しても、「最初に持ち上げて儲け、そのあとバッシングして儲け、次に、バッシングで冷えたころに、また持ち上げていって、大きくして儲け、さらに、もう一回、それを撃《う》ち落として儲ける」という方法があるわけです。

やはり、そのあたりの動きは、よく知っていなくてはいけないでしょう。マスコミには、そのような〝生態〟があるのです。

自《みずか》ら渦中《かちゅう》の人になった場合、「プライバシー権はない」と見なされる

大川隆法　さらに、もう一つ述べるとすると、私なども、一九九一年の「講談社フライデー事件」のときには、知らなかったことがありました。

それは、マスコミのなかにもルールがあって、「自《みずか》ら望んで渦中《かちゅう》の人になった場合、要するに、自分から行動して、騒《さわ》がれるようになった場合、その人には基本的に、名誉権、プライバシー権はないものと見なされる」ということです。

講談社フライデー事件

1991年、講談社が週刊「フライデー」誌上などで、捏造《ねつぞう》に基づく悪質な記事を連続掲載し、幸福の科学を誹謗《ひぼう》・中傷。それに対し、精神的苦痛や風評被害を受けた信者たちが、信仰心に基づき抗議活動を開始します。9月に被害者の会が結成され、会長に小説家の故・景山民《かげやまたみ》夫《お》氏が、副会長に女優の小川知子《おがわともこ》氏が就任。精神的公害訴訟を提起し、全国各地でのデモや署名運動等を展開しました。

つまり、「あなたが有名になりたくて、やったのでしょう。そういう場合、もうプライバシー権はありませんよ。それは、あなたが自分で捨てたのですから」ということなのです。私は、そのような考え方があることを知りませんでした。

そのように、「自分がマスコミに出て、ワーワー騒ぎまくった場合は、個人的な事情について、いろいろと引っ剝がされてもしかたがないというルールがあるのだ」ということは、知っておいたほうがよいでしょう。

「攻撃《こうげき》」と「応援《おうえん》」を使い分けて儲《もう》ける大手マスコミの怖《こわ》さ

大川隆法　また、小保方さんのような問題に事寄せて述べるとすると、出版社などでは、「書籍《しょせき》部門」と「週刊誌部門」はセクションが分かれているので、あちらにもセクショナリズムがあります。

例えば、書籍のほうは、それで儲けて応援《おうえん》しているように見えても、週刊誌のほうは、その本が評判になってくると、上げたり下げたりして儲け始めるのです。

そのように、同じ会社で、持ち上げるところと、くさすところとの両方が出てくることがあるのですが、まだそこまでは、小保方さんは知らないと思います。私は知っていますが、おそらく彼女は知らないでしょう。

それについては、私たちは「講談社フライデー事件」などで経験しました。そのときには、講談社の営業部長のような人が、「いつも広告を出していただいたり、いろいろしていただいて、ありがとうございます」と、当会にお礼を言いに来ました。しかし、その舌《した》の根の乾《かわ》かないうちに、週刊誌のほうは、当会の攻撃をしたりするのです。

向こうとしては、攻撃はしているものの、客観的には応援しているつもりでいる可能性もあったのかもしれません。要は、「マーケットを広げてあげているのだ」と思っているところもあるわけです。

そのように、大手になるとセクショナリズムがあるので、「政治部」と「文化部」で違う意見を言ってくるようなこともあったりします。そのため、そうした、いろいろな人の顔が見えてこないといけないわけですが、それを知るには、やはり、いろいろなものを読んで勉強を続け、観察を続けないと無理でしょうね。

マスコミの攻撃《こうげき》に打ち勝つために必要なもの

大川隆法　ちなみに、幸福の科学の〝怖《こわ》さ〟は、マスコミ人の上になればなるほどよく知っていると思います。彼らは、当会がそれぞれのマスコミの「急所の部分」を見抜《みぬ》いていることを、よく知っているのです。

だから、剣《けん》の試合のような感じで、「間合《まあ》いは詰《つ》めても、それ以上は近寄れない。先にかかったほうが負け」というような感じの間合いの取り方をしているようには思いますね。

いずれにせよ、マスコミはまず、相手の行動面を明らかにして、「それをどう思いますか」と想像させるところから攻《せ》めてくるということです。そのへんは知っておいたほうがよいでしょう。

そして、それに打ち勝つには、先ほど述べたように、教養を積む道を歩むことが大事ですね。あるいは、専門知識を持つことによって、マスコミを超《こ》えられるようになるわけです。

大川裕太　はい。分かりました。ありがとうございます。

大川紫央　マスコミは、世の中を動かしている一つのツールではあるけれども、それに振り回されてはいけないし、その正しさを判断できるだけの「信念」や「信仰《しんこう》」を自分のなかに持つとともに、「教養」をつけなくてはいけないということですね。

Point

「マスコミ」のルール

マスコミのクレディビリティー（信用度）は、
週刊誌が五十パーセント、
大手新聞や大手テレビ局の報道番組が
六、七十パーセントと言われている。

マスコミには、「悪を明らかにし、権力者を牽制《けんせい》する」
という役割もある。

マスコミは、「応援」と「バッシング」を繰り返して
何度も儲《もう》けようとする。

マスコミを超えるには、「教養」と「専門知識」が必要。

おわりに

未来を担《にな》う若者たちに期待すること

「宗教的悟《さと》り」と「社会的知性」の両立を目指そう

大川裕太　今回、私は、「宗教者として心の教えを学びつつも、世間解《せけんげ》を持って行動することが大事なのではないか」という問題意識もあって、こうした質問を企画《きかく》させていただいたのですけれども、もし最後に、大川紫央総裁補佐《ほさ》のほうから、みなさんに向けてのメッセージ等が何かございましたら、お願いしたいと思います。

大川紫央　今日は、裕太さんがインタビュアーということで、お答えするのがとても難しくて、やや任に堪《た》えなかったところがあったと思うのですけれども。

大川裕太　いえいえ、そんなことはありません。

大川紫央　今日は、大川隆法総裁先生からもいろいろ教えていただきましたが、やはり、私は、「弟子《でし》は総裁先生のような人間を目指さなくてはいけないし、総裁先生にできるだけ近づいていきたいという願いを持つことが、信仰《しんこう》の一つの姿でもある」と思うんですね。

『「パンダ学」入門――私の生き方・考え方――』（前掲《ぜんけい》）のなかでも、お話ししたかとは思いますが、総裁先生ご自身が、「宗教家の部分」と、「この世的な実務能力や社会的な知性の部分」とを両立していらっしゃいます。

ですから、総裁先生のそういう面を学ぶことは、「今世《こんぜ》、下生《げしょう》されている本仏《ほんぶつ》とはどういう方なのか」というところに迫《せま》る上で、弟子として、ものすごく重要なポイントの一つだと思うのです。やはり、総裁先生ご自身が、人間として肉体に宿っているときの可能性の大きさを、体現《たいげん》してくださっているのではないかと、私は思っています。

もちろん、弟子としては、宗教家として宗教的な使命の下《もと》、祈願《きがん》や研修等を通して「心の教え」を深めることも重要なので、そちらに秀《ひい》でている人は、そちらをもっと掘《ほ》り下げて、やっていくべきではあるでしょう。

しかし、一方では、総裁先生をお護《まも》りし、教団を護るためにも、また、教団の教えを広めていく上でも、「世間解」や「実務能力」など、社会に対する見識が、ある程度ある人たちも一緒《いっしょ》にいないといけないと思うのです。やはり、そうでなければ、総裁先生や教団を護れないし、教えを広げることもできません。

そもそも、「運営や実務の面で足をすくわれて、教えが否定される」ということ自体、本当は避《さ》けられるはずなのに、弟子の力の不足によって、避けられていないこともありますよね。

それは、弟子の仕事としては、やはり、あってはいけないことですし、そこについては、私自身も、もう少し自分を鍛《きた》えていかなければいけないと思っています。

「知的訓練」は大切だが、「学歴」に縛《しば》られてもいけない

大川紫央　ちなみに、総裁先生は、「努力」や「知的訓練を積むこと」自体を肯定《こうてい》されているのであって、「学歴」だけを肯定されているわけではありません。

今朝《けさ》も、総裁先生は、そのお話を少ししてくださったのですが、そうした「知的訓練を積むこと」と「学歴」とは、必ずしもイコールではないんですね。

「知的訓練を積むこと」は、総裁先生ご自身が勉強の大切さを教えてくださっているように、大切なことの一つです。ただ、そこで学歴に縛《しば》られてしまって、「だから、偉《えら》いんだ」というような感じになってはいけま

せんし、今後の人生においても、学歴の評価がずっと続くわけではないということは知っておかなければいけないでしょう。

やはり、そこは通過点にしかすぎないので、私たちも、日々、学びを続けていかなくてはいけないと思うんですね。

ともかく、「勉強などをすることによって、総裁先生のお力になれるところがある」ということも、学生のみなさんには知っておいていただきたいと思います。そうすれば、みなさん自身の今後の可能性も広がると思いますし、それは、宗教的悟《さと》りの妨《さまた》げになるものではないと思うのです。

大川裕太　そうですね。本日は本当に、長時間、ありがとうございました。

大川紫央　いいえ、どういたしまして。ありがとうございました。

あとがき

本書の校正を終えてみて、自分自身も進路に迷った学生時代から、社会に出てみて、学校とは違う人間関係の難しさや仕事の難しさに直面した20代前半のころを思い出しました。自分のなかでは苦しいときも多々ありましたが、そこにはいつもアドバイスをくれ、助けてくださった、たくさんの人生の諸先輩方の姿があったことを思い出します。

私自身もまだまだ人生の諸問題を解く上で力不足を感じますが、本書には、人生の途上で私を助けてくださった多くの諸先輩方のように、私も少しでも悩んでいる若い方々の力になることができればという願いを込めました。

一人でも多くの若い方々が、人生の荒波を見事に漕《こ》ぎ渡って社会の一《いち》助《じょ》となっていかれますように。

最後になりましたが、質問を通して若い方が直面しそうな、さまざまな人生の問題を明示してくれた大川裕太《おおかわゆうた》常務理事、そして、学校ではなかなか教えてもらえない社会の見方を、具体的にかつ分かりやすく教えてくださった大川隆法《おおかわりゅうほう》総裁先生に心より感謝申し上げます。

二〇一六年　二月二十七日

幸福《こうふく》の科学総裁補佐《かがくそうさいほさ》　大川紫央《おおかわしお》

『20代までに知っておきたい〝8つの世渡り術〟』関連書籍

『感化力』（大川隆法著　幸福の科学出版刊）
『野坂昭如の霊言』（同右）
『リクルート事件と失われた日本経済20年の謎 江副浩正元会長の霊言』（同右）
『公開霊言　カントなら現代の難問にどんな答えをだすのか？』（同右）
『小保方晴子さん守護霊インタビュー それでも「ＳＴＡＰ細胞」は存在する』（同右）
『小保方晴子博士守護霊インタビュー――ＳＴＡＰ細胞の真偽を再検証する――』（同右）
『人間にとって幸福とは何か――本多静六博士 スピリチュアル講義――』（同右）
『「パンダ学」入門――私の生き方・考え方――』（大川紫央著　幸福の科学出版刊）

20代《だい》までに知《し》っておきたい“8つの世《よ》渡《わた》り術《じゅつ》”

― パンダ学入門＜カンフー編＞ ―

2016年3月17日　初版第1刷

著　者　　大《おお》川《かわ》紫《し》央《お》

発行所　　幸福の科学出版株式会社

〒107-0052 東京都港区赤坂2丁目10番14号
TEL(03)5573-7700
http://www.irhpress.co.jp/

印刷・製本　株式会社 研文社

落丁・乱丁本はおとりかえいたします

ISBN978-4-86395-774-9 C0030
photo：Monaneko

大川紫央 著作シリーズ

「パンダ学」入門

私の生き方・考え方

忙しい時でも、まわりを和《なご》ませ、癒やしてくれる──。その「人柄」から「総裁を支える仕事」まで、大川隆法総裁夫人の知られざる素顔を初公開！

1,300円

太陽に恋をして

ガイアの霊言

大川隆法　大川紫央　共著

地球文明を創造した「始原の神アルファ」。そして、それを支えた「女神ガイア」──。六億年の時をへて、「真の創世記」が語られる。

1,600円

女性のための「自分」のつくり方

賢く成長する秘訣

大川紫央　雲母《きらら》　共著

勉強、恋愛・結婚、就職・仕事、人間関係などをテーマに、幸福の科学総裁夫人と若手女優・雲母が対談。女性が賢く成長するためのヒントが満載！

1,300円

いい国つくろう、ニッポン！

大川紫央　釈量子　共著

幸福の科学総裁補佐と幸福実現党党首が、「日本をどんな国にしていきたいか」を赤裸々トーク。日本と世界の問題が見えてくる「女子対談」。【幸福実現党刊】

1,300円

※表示価格は本体価格（税別）です。

大川隆法ベストセラーズ　人生を変える、青春のヒント

心を育てる「徳」の教育

受験秀才の意外な弱点を分かりやすく解説。チャレンジ精神、自制心、創造性など、わが子に本当の幸福と成功をもたらす「徳」の育て方が明らかに。

1,500 円

現代の帝王学序説
人の上に立つ者はかくあるべし

組織における人間関係の心得、競争社会での「徳」の積み方、リーダーになるための条件など、学校では教わらない「人間学」の要諦が明かされる。

1,500 円

青春マネジメント
若き日の帝王学入門

生活習慣から、勉強法、時間管理術、仕事の心得まで、未来のリーダーとなるための珠玉の人生訓が示される。著者の青年時代のエピソードも満載！

1,500 円

恋愛学・恋愛失敗学入門

恋愛と勉強は両立できる？ なぜダメンズと別れられないのか？ 理想の相手をつかまえるには？ 幸せな恋愛・結婚をするためのヒントがここに。

1,500 円

新時代をリードする20代のオピニオン

新・神国日本の精神

真の宗教立国をめざして

大川咲也加　著

先人が国づくりに込めた熱き思いとは。明治憲法制定に隠された「歴史の真相」と「神の願い」を読み解き、未来を拓くための「真説・日本近代史」。

1,500円

大川咲也加の文学のすすめ ～日本文学編～

大川咲也加　著

大川隆法著作シリーズの「視点」から、「日本文学」の魅力を再発見！　心をうるおす、他にはない「文学入門」。名作41作品のあらすじ付き。

1,400円

大川隆法の“大東亜戦争”論［下］

「文明の衝突」を超えて

大川真輝　著

大東亜戦争当時から現代にまで続く「文明の衝突」とは。「虚構の歴史」を明らかにし、「日本再建」を目指したシリーズが、ついに完結！【ＨＳＵ出版会刊】

1,300円

幸福実現党テーマ別政策集 4 「未来産業投資／規制緩和」

大川裕太　著

「二十年間にわたる不況の原因」、「アベノミクス失速の理由」を鋭く指摘し、幸福実現党が提唱する景気回復のための効果的な政策を分かりやすく解説。【幸福実現党刊】

1,300円

※表示価格は本体価格（税別）です。

大川隆法ベストセラーズ　地球レベルでの「正しさ」を求めて

正義の法

憎しみを超えて、愛を取れ

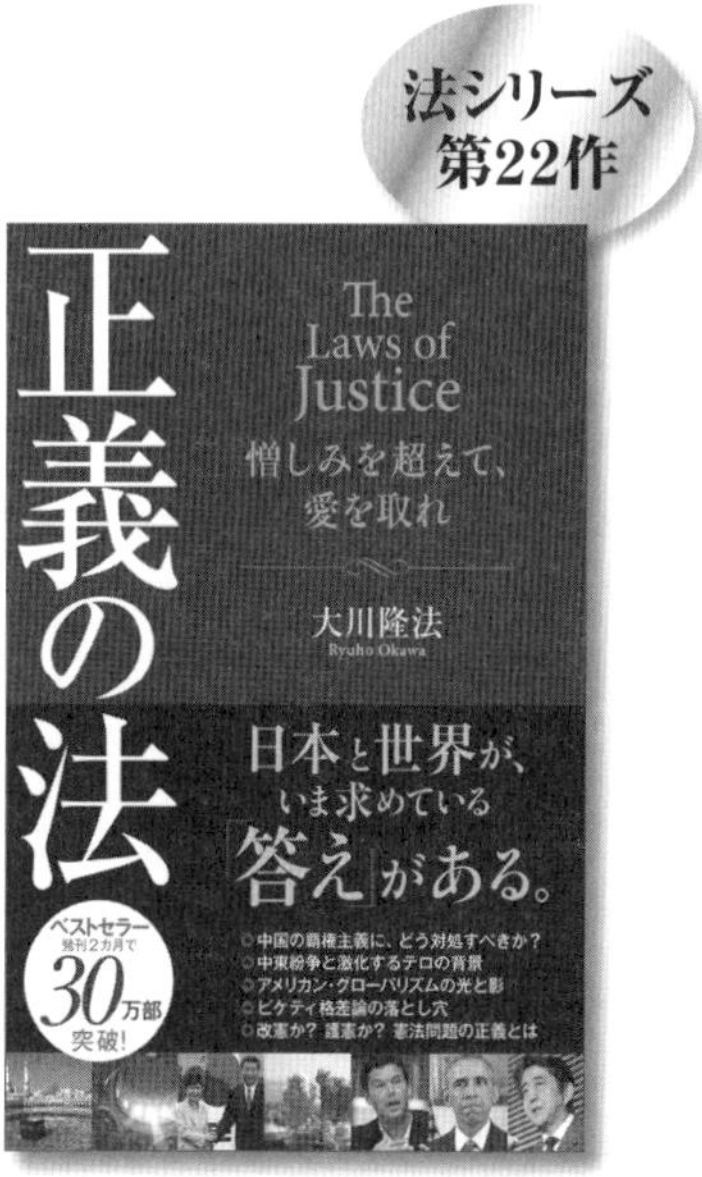

第１章　神は沈黙していない
──「学問的正義」を超える「真理」とは何か

第２章　宗教と唯物論の相克
── 人間の魂を設計したのは誰なのか

第３章　正しさからの発展
──「正義」の観点から見た「政治と経済」

第４章　正義の原理
──「個人における正義」と
「国家間における正義」の考え方

第５章　人類史の大転換
── 日本が世界のリーダーとなるために
必要なこと

第６章　神の正義の樹立
── 今、世界に必要とされる「至高神」

2,000円

テロ事件、中東紛争、中国の軍拡──。どうすれば世界から争いがなくなるのか。あらゆる価値観の対立を超える「正義」とは何か。
著者2000書目となる「法シリーズ」最新刊！

現代の正義論

憲法、国防、税金、そして沖縄。
──『正義の法』特別講義編

国際政治と経済に今必要な「正義」とは──。北朝鮮の水爆実験、イスラムテロ、沖縄問題、マイナス金利など、時事問題に真正面から答えた一冊。

1,500円

天使は、見捨てない。
天使にアイム・ファイン
I'm fine!
製作総指揮/大川隆法
雲母(きらら)　芦川よしみ　金子昇　清水一希　合香美希
原作/『アイム・ファイン』大川隆法(幸福の科学出版)
監督・脚本/園田映人　音楽/大門一也　製作:ニュースター・プロダクション　制作プロダクション:ジャンゴフィルム　配給:日活　配給協力:東京テアトル
©2016ニュースター・プロダクション
5つの傷ついた心に、奇跡を起こす —
G
3.19(SAT)ROADSHOW
www.newstar-pro.com/tenshi/
NIKKATSU

Welcome to Happy Science!

幸福の科学グループ紹介

「一人ひとりを幸福にし、世界を明るく照らしたい」──。
その理想を目指し、幸福の科学グループは宗教を根本《こんぽん》にしながら、
幅広い分野で活動を続けています。

宗教活動

幸福の科学【happy-science.jp】

- 支部活動【map.happy-science.jp（支部・精舎へのアクセス）】
- 精舎（研修施設）での研修・祈願【shoja-irh.jp】
- 学生局【03-5457-1773】
- 青年局【03-3535-3310】
- 百歳まで生きる会（シニア層対象）
- シニア・プラン21（生涯現役人生の実現）【03-6384-0778】
- 幸福結婚相談所【happy-science.jp/activity/group/happy-wedding】
- 来世幸福園（霊園）【raise-nasu.kofuku-no-kagaku.or.jp】

来世幸福セレモニー株式会社【03-6311-7286】

株式会社 Earth Innovation【earthinnovation.jp】

30th
おかげさまで30周年
2016年、幸福の科学は
立宗30周年を迎えました。

社会貢献

ヘレンの会（障害者の活動支援）【helen-hs.net】
自殺防止活動【withyou-hs.net】
支援活動

- 一般財団法人
「いじめから子供を守ろうネットワーク」【03-5719-2170】
- 犯罪更生者支援

国際事業

Happy Science 海外法人
【happy-science.org（英語版）】【hans.happy-science.org（中国語簡体字版）】

教育事業

学校法人 幸福の科学学園

- 中学校・高等学校（那須本校）【happy-science.ac.jp】
- 関西中学校・高等学校（関西校）【kansai.happy-science.ac.jp】

宗教教育機関

- 仏法真理塾「サクセスNo.1」（信仰教育と学業修行）【03-5750-0747】
- エンゼルプランV（未就学児信仰教育）【03-5750-0757】
- ネバー・マインド（不登校児支援）【hs-nevermind.org】
  - ユー・アー・エンゼル！運動（障害児支援）【you-are-angel.org】

高等宗教研究機関

- ハッピー・サイエンス・ユニバーシティ（HSU）

政治活動

幸福実現党【hr-party.jp】

- <機関紙>「幸福実現NEWS」
- <出版> 書籍・DVDなどの発刊
- 若者向け政治サイト【truthyouth.jp】

HS 政経塾【hs-seikei.happy-science.jp】

出版 メディア 関連事業

幸福の科学の内部向け経典の発刊

幸福の科学の月刊小冊子【info.happy-science.jp/magazine】

幸福の科学出版株式会社【irhpress.co.jp】

- 書籍・CD・DVD・BDなどの発刊
- <映画>「UFO学園の秘密」【ufo-academy.com】ほか８作
- <オピニオン誌>「ザ・リバティ」【the-liberty.com】
- <女性誌>「アー・ユー・ハッピー？」【are-you-happy.com】
- <書店> ブックスフューチャー【booksfuture.com】
- <広告代理店> 株式会社メディア・フューチャー

メディア文化事業

- <ネット番組>「THE FACT」【youtube.com/user/theFACTtvChannel】
- <ラジオ>「天使のモーニングコール」【tenshi-call.com】

スター養成部（芸能人材の育成）【03-5793-1773】

ニュースター・プロダクション株式会社【newstar-pro.com】

ハッピー・サイエンス・ユニバーシティ
Happy Science University

ハッピー・サイエンス・ユニバーシティとは

ハッピー・サイエンス・ユニバーシティ（HSU）は、大川隆法総裁が設立された「現代の松下村塾」であり、「日本発の本格私学」です。

学部のご案内

人間幸福学部

経営成功学部

未来産業学部

未来創造学部　2016年4月開設予定

政治家やジャーナリスト、俳優・タレント、映画監督・脚本家などのクリエーター人材を育てます。※

※キャンパスは東京がメインとなり、2年制の短期特進課程も新設します（4年制の1年次は千葉です）。

住所 〒299-4325 千葉県長生郡長生村一松丙 4427-1
TEL 0475-32-7770

ニュースター・プロダクション

ニュースター・プロダクション（株）は、世界を明るく照らす光となることを願い活動する芸能プロダクションです。2016年3月には、ニュースター・プロダクション製作映画「天使に“アイム・ファイン”」を公開します。

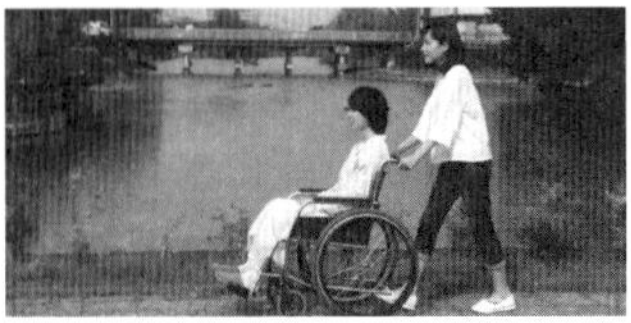

映画「天使に“アイム・ファイン”」のワンシーン（左）と撮影風景（右）。

幸福実現党

内憂外患《ないゆうがいかん》の国難に立ち向かうべく、2009年5月に幸福実現党を立党しました。創立者である大川隆法党総裁の精神的指導のもと、宗教だけでは解決できない問題に取り組み、幸福を具体化するための力になっています。

党の機関紙「幸福実現NEWS」

幸福実現党 釈量子サイト
shaku-ryoko.net

Tiwitter
釈量子@shakuryokoで検索

若者向け政治サイト「TRUTH YOUTH」

若者目線で政治を考えるサイト。現役大学生を中心にしたライターが、雇用問題や消費税率の引き上げ、マイナンバー制度などの身近なテーマから、政治についてオピニオンを発信します。

truthyouth.jp

幸福実現党 党員募集中

あなたも幸福を実現する政治に参画しませんか

○ 幸福実現党の理念と綱領、政策に賛同する18歳以上の方なら、どなたでも党員になることができます。
○ 党員の期間は、党費（年額 一般党員5,000円、学生党員2,000円）を入金された日から1年間となります。

党員になると

党員限定の機関紙が送付されます（学生党員の方にはメールにてお送りします）。申込書は、下記、幸福実現党公式サイトでダウンロードできます。

住所 **〒107-0052**
東京都港区赤坂2-10-8 6階
幸福実現党本部

TEL **03-6441-0754**
FAX **03-6441-0764**
公式サイト **hr-party.jp**

入会のご案内

あなたも、幸福の科学に集い、
ほんとうの幸福を見つけてみませんか？

幸福の科学では、大川隆法総裁が説く仏法真理をもとに、
「どうすれば幸福になれるのか、また、
他の人を幸福にできるのか」を学び、実践しています。

入会

大川隆法総裁の教えを信じ、学ぼうとする方なら、どなたでも入会できます。入会された方には、『入会版「正心法語」』が授与されます。（入会の奉納は1,000円目安です）

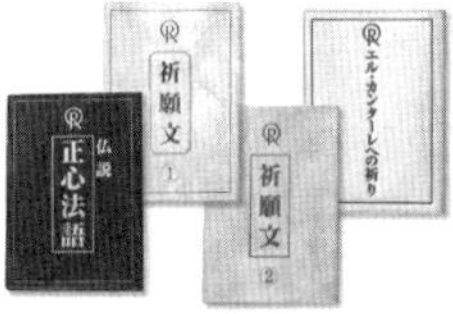

三帰《さんき》誓願《せいがん》

仏弟子としてさらに信仰を深めたい方は、仏・法・僧の三宝への帰依を誓う「三帰誓願式」を受けることができます。三帰誓願者には、『仏説・正心法語』『祈願文①』『祈願文②』『エル・カンターレへの祈り』が授与されます。

ネットからも入会できます

ネット入会すると、ネット上にマイページが開設され、
マイページを通して入会後の信仰生活をサポートします。

01 幸福の科学の入会案内ページにアクセス

happy-science.jp/joinus

02 申込画面で必要事項を入力

※初回のみ1,000円目安の植福（布施）が必要となります。

ネット入会すると……

- 入会版『正心法語』が、ダウンロードできる。
- 毎月の幸福の科学の活動トピックが動画で観れる。

INFORMATION

幸福の科学サービスセンター
TEL. **03-5793-1727**（受付時間 火～金：10～20時／土・日・祝日：10～18時）
幸福の科学 公式サイト **happy-science.jp**